笔落惊风雨　诗成泣鬼神

杜甫传

万曼 著

古吴轩出版社

图书在版编目（CIP）数据

杜甫传 / 万曼著. -- 苏州：古吴轩出版社，2023.3
　　ISBN 978-7-5546-1989-6

Ⅰ. ①杜… Ⅱ. ①万… Ⅲ. ①杜甫（712-770）—传记 Ⅳ. ①K825.6

中国版本图书馆CIP数据核字（2022）第158878号

责任编辑：	顾　熙
见习编辑：	张　君
策　　划：	甄　彬
装帧设计：	言　成

书　　名：	杜甫传
著　　者：	万　曼
出版发行：	古吴轩出版社
	地址：苏州市八达街118号苏州新闻大厦30F
	电话：0512-65233679　　邮编：215123
印　　刷：	天宇万达印刷有限公司
开　　本：	880×1230　　1/32
印　　张：	7
字　　数：	159千字
版　　次：	2023年3月第1版
印　　次：	2023年3月第1次印刷
书　　号：	ISBN 978-7-5546-1989-6
定　　价：	42.00元

如有印装质量问题，请与印刷厂联系：0318-5302229

目录 CONTENTS

一	他的家族	001
二	壮游	009
三	十年长安	017
四	从奉先到白水	029
五	长安在动荡中	037
六	华州司功	049
七	在秦州	059
八	草堂的经营	069
九	剑外官人冷	077
十	返成都	089
十一	夔州的"丰收"	097
十二	流泊荆湘	109
十三	狂走终奚适	121

外四篇　　　　　　　　　　131
　　杜甫开、天间诗作不为时人所重　132
　　杜诗的结集　　　　　　　135
　　杜甫和从孙杜济的龃龉　　138
　　"不平者"苏涣和杜甫　　143

附录　　　　　　　　　　　149
　　杜甫年谱　　　　　　　149
　　杜集编目　　　　　　　155
　　旧唐书·杜甫传（节选）　163
　　新唐书·杜甫传（节选）　166
　　杜甫诗选　　　　　　　169

一 他的家族

- 出身显赫
- 家族衰落
- 自称"杜陵野老"

杜甫祖上声名显赫。他的曾祖杜依艺曾做巩县令,此后杜家便定居河南。他的祖父杜审言是一位有名的诗人。不过这显赫的家族,到杜甫这一代已经衰落。

杜甫虽然出身于名门望族,不过到杜甫的时候,家族已经没落。所以杜甫在《进雕赋表》里说:"臣之近代陵夷,公侯之贵磨灭,鼎铭之勋,不复照曜于明时。"他的远祖在谱系上可以稽考的是杜预。杜预是京兆郡杜陵县(今属陕西省西安市)人,后来定居襄阳,所以杜甫自称"杜陵野老",襄阳,杜甫也当作老家看。杜甫自称是杜预的第十三代孙。从杜预到杜甫,年代久远,自不必究论。入唐以来,杜甫曾祖杜依艺,曾做巩县令。此后杜氏这一支派,便以河南为家,不过还自称襄阳人。

杜依艺,除了在唐朝做过监察御史、巩县令以外,其他事迹无考。不过杜甫有一个曾老姑,却颇精鉴识。这曾老姑是王珪的母亲,她在王珪小的时候,就知道王珪必贵。后来看见房玄龄、杜如晦和王珪交游,便说:"二客公辅才,汝贵不疑。"杜甫《送重表侄王砅评事使南海》诗说到他的这个曾老姑:"向窃窥数公,经纶亦俱有。次问最少年,虬髯十八九。子等成大名,皆因此人手。"似乎太宗当时也曾被鉴识。

杜依艺的儿子,便是杜甫的祖父——杜审言。审言,字必简,擢进士后为隰城尉，累迁洛阳丞，坐事贬吉州司户参军。因杜并刺杀周季重，免官还东都。后武后重其文章，授著作佐郎，迁膳部员外郎。神龙初，因与张易之交往，流峰州。不久，召回为国子监主簿、修文馆直学士。卒，诏赠著作郎。

杜审言的从祖兄杜易简，为岑文本所器，擢进士，补渭南尉。咸亨初，历殿中侍御史，旋迁考功员外郎，因上书言李敬玄罪，为李敬玄所构，贬开州司马。

杜审言先娶薛氏，生三子：杜闲、杜并、杜专；三女：长适魏上瑜，魏上瑜为巨鹿人，曾任蜀县丞；次适裴荣期，裴荣期为河东人，曾任济王府录事；小女适卢正均，卢正均为范阳人，曾任平阳郡司仓参军。后娶卢氏，生子杜登；二女：长适王佑，王佑为京兆人，曾任硖石尉；次适贺㧑，贺㧑为会稽人，曾任常熟主簿。杜甫所谓"诸姑今海畔"，不知系指何姑。裴氏姑，天宝元年（742）卒于东京，杜甫有《唐故万年县君京兆杜氏墓志》，自称："甫昔卧病于我诸姑，姑之子又病。问女巫，巫曰：'处楹之东南隅者吉。'姑遂易子之地以安我。我用是存，而姑之子卒。后乃知之于走使。"

杜甫的父亲杜闲，曾任朝议大夫、兖州司马、奉天令，卒年不详。母亲崔氏，杜甫有《祭外祖祖母文》，知道他的外祖母是纪王李慎的孙女、义阳王李琮的女儿，适崔氏。纪王李慎是唐太宗的第十子，可见杜甫的母亲实出于唐太宗一脉。生子：甫、颖、观、丰、占诸人；女一，适韦氏。杜甫诸叔：杜并替父报仇，被杀；杜专，曾任开封尉；杜登，曾任武康尉。

杜甫虽称杜二,但未闻有兄,诸弟亦未知行列。杜颖曾为临邑主簿。广德二年(764)秋,曾赴成都见杜甫,后又赴齐州。大历三年(768),杜甫在《远怀舍弟颖、观等》中写道:"阳翟空知处,荆南近得书。"当时杜颖已从齐州移居阳翟。先是安禄山之乱,杜甫诗说:"近有平阴信,遥怜舍弟存。"又说:"丧乱闻吾弟,饥寒傍济州。""汝书犹在壁,汝妾已辞房。"似乎也都是指杜颖。

杜观,大历二年(767),杜甫在夔州的时候,曾自中都经江陵到夔州和杜甫见面,后来又回蓝田迎新妇。大历三年(768)杜观迎得新妇,就居当阳。杜诗说:"自汝到荆府,书来数唤吾。"不过杜甫出峡后,却没有去当阳,径自南下。

杜丰,自乱后,似乎终未和杜甫见面。大历元年(766)杜甫在夔州写下《第五弟丰独在江左,近三四载寂无消息,觅使寄此二首》,其中一句写道:"闻汝依山寺,杭州定越州。"杜丰大概不在杭州就在越州。不过觅使寄诗后,也无下文。

杜占,这是和杜甫入蜀的一个弟弟。广德元年(763)冬,杜甫在梓州,有《舍弟占归草堂检校聊示此诗》诗。后来诗中绝少提到杜占,不知是随杜甫出川了,还是留住草堂。

杜甫的妹妹似乎只有一人。至德二载(757)《元日寄韦氏妹》说:"近闻韦氏妹,迎在汉钟离。"后来《乾元中寓居同谷县作歌七首》说:"有妹有妹在钟离,良人早殁诸孤痴。"杜甫始终未得和此妹再见。

杜甫的母亲,诗中绝不见。夔(kuí)之卧病姑的话,似乎杜甫幼年便丧母了。舅氏颇多,在白水遇到十九舅,阆(làng)州遇到十一舅和二十四舅，夔州遇到四舅，衡州遇到十七舅。诸舅的名字大多不详，只知道摄郴州刺史的二十三舅是崔伟；此外还有南曹小司寇舅、崔都水翁，并行列也不清楚。

杜甫的同族，见于诗歌的有从弟杜位，襄阳人，是李林甫的女婿。天宝年间，杜甫曾在他的曲江宅守岁。李林甫死后，杜位被贬新州。上元二年（761），杜甫在成都的时候，杜位遇赦放还。大历元年（766），杜位在江陵卫伯玉幕做行军司马。大历三年（768），杜甫出峡到江陵，便住在杜位宅。

从弟杜亚，字次公，少涉学，善言地理及历代成败事，杜诗谈到他："兵法五十家，尔腹为箧笥。"肃宗在灵武，上书论时政，擢校书郎。杜鸿渐节度河西，辟为从事。至德二载（757），杜甫有《送从弟亚赴安西判官》，终东都留守。

嘉州四兄，杜甫去成都时，遇之于嘉州。据《狂歌行，赠四兄》，这位四兄似是隐沦者流，曾住长安，后来在嘉州，始终是不袜不巾，头脂足垢不洗的。所以杜甫说："兄将富贵等浮云，弟切功名好权势。"比起这位四兄来，杜甫只好自居为奔竞之徒了。

十五弟，大历元年（766），杜甫在夔州，有《送十五弟侍御使蜀》诗。名迹不详。

从侄杜勤，天宝末应试落第，杜甫有《醉歌行》送别。杜勤那时很年轻："只今年才十六七，射策君门期第一。"杜甫很喜爱这个侄儿，侄儿落第后杜甫作一首长歌来慰勉，告诉他"暂蹶霜蹄未为失"。

从侄杜佐，乾元二年（759），杜甫到秦州，杜佐的草堂便在东柯谷。杜佐也是襄阳人，殿中侍御史杜昕的儿子，做过大理正。

杜甫在秦州曾寄诗向之索米薤。"已应春得细，颇觉寄来迟。"又说："甚闻霜薤白，重惠意如何。"

从孙杜济，字应物。天宝末在长安，杜甫偶到他家存问，杜济的态度似乎不好，杜甫作诗示之："阿翁懒惰久，觉儿行步奔。所来为宗族，亦不为盘飧。小人利口实，薄俗难具论。勿受外嫌猜，同姓古所敦。"后来，杜济在四川做过绵州刺史，又做过严武的行军司马，和杜甫似乎龃龉更多。（详见外篇《杜甫和从孙杜济的龃龉》。）

从孙杜崇简，襄阳人，曾做益州司马参军。杜甫在夔州遇到他，称他有"质朴古人风"。那时杜崇简也隐居夔州，杜甫寄诗云："吾孙骑曹不骑马，业学尸乡多养鸡。"杜崇简似乎也爱听闲话，所以杜甫告诫他说："牧竖樵童亦无赖，莫令斩断青云梯。"

杜甫妻杨氏，是司农少卿杨怡的女儿，生卒年俱不详，不过度陇入蜀以及漂泊衡岳时都和杜甫在一起。儿子除了在奉先饿死一个以外，有宗文、宗武。宗文小名熊儿，宗武小名骥子。杜甫似乎更爱宗武些，诗中尝说"骥子好男儿"，又说"骥子最怜渠"。后来在夔州，对宗文只是催树鸡栅，对宗武却说："觅句新知律，摊书解满床。"又说："诗是吾家事，人传世上情。熟精《文选》理，休觅彩衣轻。"

女儿在至德二载（757）已有两个，后来出川似乎又添加一个，不过结果都不清楚，只是在《北征》里，曾描写那两个小女道："床前两小女，补绽才过膝。海图坼波涛，旧绣移曲折。天吴及紫凤，颠倒在短褐。"又说："学母无不为，晓妆随手抹。移时施朱铅，狼藉画眉阔。"后来，杜甫对他女儿的事，诗里便不怎样说了。

宗武的儿子，杜嗣业，便是搬运杜甫灵柩，同时请元稹做墓志铭的人，但此外阒然无闻。

仇兆鳌说："陆务观诗注：少陵之后，有徙大垭、大蓬者。戴复古诗中有杜子野，赵孟頫诗中有杜伯玉，杨载所记有杜举。钱谦益谓今岳州平江县杜富，犹藏拾遗敕命。喜文人子孙千年不替也。"不过都是如此云云，无法证实。杨载更说杜甫有门人吴成、邹遂、王恭等传其诗法云云，益不足信。

历史的温度

文章四友

"文章四友"是指初唐诗坛上的四位诗人,他们分别是:李峤(约645—约714)、苏味道(648—705)、崔融(653—706)和杜审言(约645—708)。四人之中,杜审言的艺术成就最高。

杜审言,字必简,祖籍襄阳,是杜甫的祖父。胡应麟在《诗薮》中写道:"初唐无七言律,五言亦未超然。二体之妙,杜审言实为首倡。"

杜审言早年在江阴任县丞的时候,写下了他最负盛名的五言律诗《和晋陵陆丞早春游望》:

独有宦游人,偏惊物候新。
云霞出海曙,梅柳渡江春。
淑气催黄鸟,晴光转绿蘋。
忽闻歌古调,归思欲沾巾。

壮游

漫游吴越
科举落第
交游李白

　　杜甫十九岁的时候开始出游，二十岁时漫游吴越，科举考试落第后又漫游齐赵。744年，杜甫在洛阳遇见"诗仙"李白，两人一见如故。

先天元年（712），太平公主打发术士向唐睿宗说：

"彗星是除旧布新的，现在突然出现，而且帝座和心前星全呈变态，皇太子当为天子。"

太平公主本来和太子不睦，她害怕太子年少英武。这话的意思，是要睿宗早除太子以免后患。

不料睿宗当真了，决定传德避灾，让位给太子。八月，太子继位，就是唐玄宗。唐玄宗尊睿宗为太上皇，改元"先天"。

就在这一年，诗坛的彗星杜甫出生在河南巩县（今河南巩义西南）。

杜甫少小时，被诸姑抚育，七岁便能够咏凤凰诗，九岁能写大字，十四五岁便出游翰墨场，当时颇为郑州刺史崔尚、豫州刺史魏启心所赞扬，认为可以媲美班固、扬雄。杜甫因为少年早成，所以结交的多是前辈。开元十八年（730），杜甫十九岁的时候，开始壮游：先到晋南解县、猗氏一带，结识的朋友有韦之晋、寇锡等；后来又下姑苏，渡浙江，游剡溪，举凡剑池虎丘、阊阖冢、太伯庙，以及钱塘江、天姥峰、鉴湖、剡溪等处，都有杜甫的游踪。

二 壮游

那时幽燕军食,多半仰给江南,为着便利,海运早开,"吴门转粟帛,泛海陵蓬莱"。以至于杜甫到了晚年,对于吴越之游,还悔恨在那"已具浮海航"的时代,没有泛海东穷扶桑。

归来后,杜甫赴长安贡举,结果是"忤下考功第,独辞京尹堂"。虽然"气劘屈贾垒,目短曹刘墙",进士却没有到手。不过这里还有一个重要的掌故,在开元二十四年(736)以前,"俊秀登科"的,全是由考功员外郎主考。后来因为省郎位轻,不足以临多士,才改由礼部侍郎主持。所以后来的进士的座主都是礼部侍郎,不再是考功员外郎了。杜甫说"忤下考功第",当然是开元二十四年(736)以前的事。

不过为什么有这一个变更呢?因为在开元二十四年(736)的科考中,发生了一件事。

那年的考功员外郎是李昂,这人性刚急,不容物,以为举人皆饰名求称,摇荡主司,所以在考前集合贡士立了一条约法:凡有请托于时、求声于人的,首先黜落。不料李昂的外舅和进士李权相善,便向李昂荐举李权。李昂怒了,便集合贡人,当众说李权违约。李权不肯认错,以为人或相知,闻于左右,但自己并没有求人说情。

李昂没办法,于是便说:"大家的文章都拜读了,倘若用词不典,也不合忠道,来日和大家评文如何?"贡士们自然唯命是从。辞出后,李权向大家说:"方才这番话,一定是针对我说的。我一定不第了,不过也不能善罢甘休。"李权便从李昂的作品里寻找毛病。

到期，李昂果然斥责李权文章的疵病，折辱李权，李权便拱手说："礼尚往来，来而不往，非礼也。诚然我的文章有毛病，曾听闻执事有雅什，不知可否来切磋一下？"

李昂虽然愤怒，却不得不说："有何不可？"李权便说："'耳临清渭洗，心向白云闲'是执事的大作吧？"李昂说："是。"李权说："从前唐尧让天下给许由，许由不愿意听，故洗耳。现在天子春秋鼎盛，未尝揖让于足下，为什么也说洗耳呢？"

那时国家宁谧，百僚畏法令。李昂听了，惶骇，蹶起，不知所酬，便向执政说李权疯狂不逊，下权吏。

李昂本来不受嘱请，经此事件后，求者莫不允从。所以后来廷议，以考功位轻，不足临多士，才改由礼部侍郎主试。

杜甫的下第，朱谱编在开元二十三年（735），鲁谱编在开元二十五年（737）。其实由"忤下考功第"来看，或者竟是开元二十四年（736）。杜甫虽然没有和李昂起冲突，但是既说"忤"，也是有些不愉快的事情存在。

下第后，杜甫便游齐赵，所谓"放荡齐赵间，裘马颇清狂"。因为那时长安政局突然变化，李林甫挟着牛仙客，挤落张九龄、裴耀卿。张、裴罢相的那天，从中书到月华门，将就班列，二人鞠躬卑逊。李林甫扬扬自得。旁观的朝臣，窃谓"一雕挟两兔"。不久，诏张、裴为左右仆射，罢知政事。李林甫视诏大怒，说："犹为左右丞相耶！"二人就班列，林甫目送之，公卿们不觉股栗。从此以后，姚、宋以来的风烈到张九龄罢相，算是完结。李林甫在相位十九年，直到天宝十一载（752），随后又是杨国忠，唐朝在玄宗一个人的手里，由中兴又走上中衰的道路了。杜甫刚肠嫉恶，对李林甫自然没有好感，《故右仆射相国张公九龄》诗中，比李林甫为"天池蛙黾"，厌恶之情可以想见。

杜甫似乎是春天游赵，秋天到齐，所以说："春歌丛台上，冬猎青丘旁。"那时他父亲杜闲正做兖州司马，杜甫游齐自然要到兖州。登兖州城楼，"东郡趋庭日，南楼纵目初"便是纪实。"穷秋立日观，矫首望八荒"，泰山自然也登临了。此外登瑕丘的石门山，游任城的南池，也都有诗记录。

开元二十九年（741），杜甫又回到洛阳。寒食日曾为文祭远祖当阳县侯杜预说："小子筑室首阳之下，不敢忘本，不敢违仁。"次年，天宝元年（742），杜甫的二姑母卒于洛阳仁风里，六月葬于河南县平乐乡，杜甫作墓志。天宝三载（744），祖母卢氏卒，八月三十日，在首阳东原与杜审言合葬，杜甫替杜闲作墓志。这三四年他大抵都在洛阳。龙门便是他常常游赏的地方。

在这一年（744），李白因为得罪权要，浪迹纵酒之余，玄宗赐金放归，从高天师授道箓，路过洛阳。于是两位诗人，一见如故。杜甫《赠李白》诗说"李侯金闺彦，脱身事幽讨"，因为那时朝廷上，诚然像李阳冰说的"丑正同列，害能成谤"，所以李白只好抛弃翰林，幽讨山林了。

于是李、杜相偕游梁宋，在梁宋间又认识了高适。高适那时仍在兔苑为农，未登一命。当时李白已经四十四岁，高适也年过四十，杜甫才三十三岁。三个不羁的诗人聚在一起，自然兴致高昂。杜甫描写那时的宋州睢阳说："邑中九万家，高栋照通衢。舟车半天下，主客多欢娱。白刃仇不义，黄金倾有无。杀人红尘里，报答在斯须。"三个诗人，酒垆论交，神色敷腴。有时气酣酒热，一登吹台，不禁芒砀云生，雁鹜相呼。单父琴台，他们也曾共同登临。万里风云，大泽霜冻，都助长他们的豪气。

天宝四载（745），杜甫和李白又同游齐州，"醉眠秋共被，携手日同行"，李、杜的情谊，简直是"如弟兄"了。

到秋天，李白离开山东，又赴东吴和吴筠偕隐剡中。杜甫《冬日有怀李白》说"未因乘兴去，空有鹿门期"，似乎悔恨没有相携而去，只好"寂寞书斋里，终朝独尔思"了。李白诗有《鲁郡东石门送杜二甫》，他们分袂的地点，自然是石门山了。

除高、李外，在山东交游中，还有北海太守李邕。李邕是杜甫的前辈，在武后朝，李邕已经是左拾遗了，当时已经六十多岁。李邕的父亲便是注《文选》，同时以文选学在汴、郑间讲授诸生的李善。李邕更是文高气方直、爱才好士，在当时也是大名于天下的。他长于碑颂，杜诗曾谓之"碑版照四裔"。但是他豪放恣肆，所以不容于朝，更为李林甫所忌恨。卢藏用批评他说："如干将、莫邪，难与争锋，但虞伤缺耳。"他和杜甫的认识，并不始于山东。据杜甫《八哀诗·赠秘书监江夏李公邕》诗说："伊昔临淄亭，酒酣托末契。重叙东都别，朝阴改轩砌。"岂不是说明先识面于洛阳，再会聚于山东吗？杜甫认识李邕是一件很光荣的事，因为并不是杜甫拿着行卷去拜谒，而是李邕闻名先来访杜甫的，所以杜甫在《奉赠韦左丞丈二十二韵》诗中说："李邕求识面，王翰愿卜邻。"杜甫在山东曾陪李邕同宴历下亭，又曾和他同登历下古城员外新亭。所谓"员外新亭",是齐州司马李之芳新建的。李之芳后来死在江陵,杜甫有《哭李尚书》诗。李白和高适的集子里,也都有赠李邕诗,似乎他们前后都和李邕同游过。他们都是才气纵横,自然不较年龄,容易契合。

这次除历下外,杜甫还曾去临邑。因为杜甫的弟弟杜颖这时做临邑主簿,前曾有书寄杜甫,说苦雨、黄河泛滥、堤防危急之类的事情。

这一段生活,最难考稽。因为从先天元年(712)杜甫生,到天宝四载(745)再游齐州,计三十四年,可是杜甫诗才不过二十几篇。虽然杜甫在《进雕赋表》中说"臣幸赖先臣绪业,自七岁所缀诗笔,向四十载矣,约千有余篇",可知杜甫在此之前的作品有一千多篇,但是现在杜甫的少年之作,散佚殆尽,四十五岁以后的诗,才比较完具。所以现经唐宋诸贤整编的《杜工部集》,只是杜甫四十五岁以后十几年间的作品而已,而且其中必然还有散佚,这真是无可补偿的损失!

历史的温度

初唐四杰

"初唐四杰"是初唐时期四位诗人的合称,他们分别是王勃、杨炯、卢照邻、骆宾王,简称为"王杨卢骆"。

王勃(649或650—676),字子安,绛州龙门(今山西河津)人,代表作有《滕王阁序》《送杜少府之任蜀州》。

杨炯(650—约693),弘农华阴(今属陕西)人,代表作有《从军行》《战城南》。

卢照邻(约637—约686),字昇之,自号幽忧子,幽州范阳(今河北涿州)人,代表作有《长安古意》。

骆宾王(约638—684),婺州义乌(今属浙江)人,代表作有《帝京篇》《畴昔篇》《从军中行路难二首》。

(二) 十年长安

- 旅食京华
- 玄宗赏识
- 诗坛佳话

将近十年的时间，杜甫几乎是在长安度过的。751年，杜甫向唐玄宗献上《三大礼赋》，唐玄宗很赏识他。杜甫、王维、岑参同和贾至的《早朝大明宫》，传为诗坛佳话。

"快意八九年,西归到咸阳。"从忤下考功,游齐赵,留居东都,再游齐赵,这八九年的确是杜甫一生最快意的时期。天宝五载(746)春,再到长安。此后直到天宝十四载(755),将近十年,杜甫大部分时间在长安,虽然也曾暂回洛阳,或者住到杜曲旧庄,不过都极短暂。这近十年旅食京华的生活,虽然"高歌有鬼神",但也几乎"饿死填沟壑"。天宝十四载(755)官定后,次年安禄山便攻陷长安,玄宗奔蜀,整个社会动荡起来,杜甫的生活,也就越发狼狈了。

　　初到长安,杜甫相当寂寞,想起梁宋之游,更有些怀念李白,"渭北春天树,江东日暮云",一个在秦,一个在越,什么时候能够再见面,樽酒论文呢?恰巧李白的旧友孔巢父谢病去江东,杜甫送诗云:"南寻禹穴见李白,道甫问信今何如?"杜甫怎样能想到石门一别,竟成永诀呢!

　　这时长安有一个汝阳王,置醴引宾,杜甫一时无处归着,也就只好曳裾王门,做一个清客。汝阳王李琎,是李宪的儿子。李宪在玄宗未立为太子的时候,本是皇太子,后来因为玄宗有讨平韦氏大功,恳让储位,结果封宁王,死后谥为让皇帝。因为有这个关系,所以汝阳王极得玄宗优遇。汝阳王的弟弟,便是汉中王李瑀。杜甫认识李瑀,无疑也是在这个时候。秋高澄爽之时,汝阳王府中便张灯夜宴;就是炎天郁蒸,也是井水壶冰,不废游赏。不过汝阳王在天宝九载(750)逝世,杜甫后在夔州有哀汝阳王诗。

天宝六载(747)正月,北海太守李邕因为太子良娣的姊夫柳绩事的牵累,为李林甫所构陷,就郡杖死。

也是在这一年,玄宗要广求天下士,下诏凡通一艺以上,皆诣京师。杜甫和元结等都曾应诏。李林甫怕这些草野之士对策时不知顾忌,指摘他的奸恶,便向玄宗说:"举人多半卑贱愚聩,恐俚言有污圣听,可先委尚书覆试,御史中丞监之,真有名实相副的再奏闻。"结果各试诗赋论,没有一个人及第。李林甫便上表贺,说野无遗贤,与试的都不成材料。

李林甫这时在搜杀异己,排挤俊秀,怎肯再引掖新进,与己为敌?杜甫看清这种局面,很有"归老任乾坤"的志愿。可是家贫苦乏,三径无资,又急想求得一官,所以便陷入极端矛盾中了。

杜甫在陆浑庄上闲居的时候,韦济闻名常去访问。天宝七载(748),韦济由河南尹迁尚书左丞,这总算是一个知己。"纨袴不饿死,儒冠多误身",杜甫的委屈,只有向韦济申诉了。他在《奉赠韦左丞丈二十二韵》一诗中,有一段说他近来的情况:

骑驴十三载,旅食京华春。

朝扣富儿门,暮随肥马尘。

> 残杯与冷炙，到处潜悲辛。
> 主上顷见征，欻然欲求伸。
> 青冥却垂翅，蹭蹬无纵鳞。

杜甫把生活的艰窘以及应诏而退的事实和盘托出，虽然不免夸张，但是他的落寞，不难想见。事到如此，还谈什么立登要路，致君尧舜。少年才华，不堪糊口了。真是"老骥思千里，饥鹰待一呼"了。虽然有韦济替他扬誉，但依旧是徒然。

这期间，杜甫曾回东都一次，不久又到长安。《赠翰林张四学士垍（jì）》诗说：

> 此生任春草，垂老独漂萍。
> 倘忆山阳会，悲歌在一听。

张垍似乎也是杜甫故交，杜甫希望他能加以汲引。不过那时玄宗越来越慌乱，李林甫越来越跋扈，所以杜甫很难进身。

天宝十载（751）正月初八日，皇帝朝献太清宫；初九日，朝享太庙；初十日，祀南郊。杜甫趁此机会，献赋三篇：《朝献太清宫赋》《朝享太庙赋》《有事于南郊赋》，合称《三大礼赋》。进表中说自己一向"卖药都市，寄食友朋"，不过恐怕"倏先狗马，遗恨九原"，所以乘此大典，献纳三赋，投延恩匦[①]。玄宗很赏识这伟大的作品，便命待制集贤院。

这虽然是一个空衔，却也是进身之阶。同时杜甫的声名在长安也大振，未尝不是一件快意事。"气冲星象表，词感帝王尊"，可见杜甫的自负。后来召试文章于集贤院，杜甫说"天老书题目，春官验讨论"，又说"集贤学士如堵墙，观我落笔中书堂"。但是到底为李林甫所忌，最后只不过是"送隶有司，参列选序"八个大字而已。所以李林甫死后，杜甫在《奉赠鲜于京兆二十韵》一诗中说："破胆遭前政，阴谋独秉钧。"前政、阴谋，无疑都是说李林甫。

秋天，杜甫曾和高适、岑参、储光羲、薛据诸人同登慈恩寺塔，除薛诗佚亡外，高、岑、储三诗各载本集。五个诗人同作一题，与后来杜甫、王维、岑参同和贾至的《早朝大明宫》，都是诗坛佳话。

选序无期，生活逼人。到了冬天，杜甫的生活更寥落不堪了。达官贵人们"软裘快马当冰雪"，哪里怕冷？可是自己却冷得"杜陵野老骨欲折"。少年辈都出头露面了，老人自当弃掷。敝衣百结，饥卧动辄经旬。"君不见空墙日色晚，此老无声泪垂血。"到了年夜，只好到从弟杜位宅守岁。杜位是李林甫的女婿，当时正在

[①] 延恩匦（guǐ）：唐代匦检制度实施的一种方式。匦检制度由武则天所创，是广开言路和自我举荐的一大途径。铜匦有延恩匦、招谏匦、伸冤匦、通玄匦四种，人们可根据意愿将文字投入其中一匦。延恩匦主要是诉述养民劝农之事。

得意。守岁诗云"四十明朝过，飞腾暮景斜"，转过年到天宝十一载（752），杜甫便是四十一岁了。

杜甫在强仕之年，偏偏遇上玄宗的败政。李林甫在相位凡十九年，后来继之以杨国忠。李林甫不必说了，杨国忠一起头，还想收拾人望，一切施置，曲徇人欲，所以很得时誉。但是不久杨国忠就知道自己绝对得不到好处，尝和他的宾客说：

> 吾本寒家，一旦缘椒房至此，未知税驾之所，然念终不能致令名，不若且极乐耳。

作此想法，不是颠覆唐室，便是自毁其身，还会有什么其他的结果？同时一些趋炎附势的人，幸进不已；有操守的反而沉埋不闻。所以杜甫有"缫丝须长不须白"之叹。因依丧己，软熟无骨的，为时所尚；才志之士，只得"弃捐忍羁旅"。不过居贫守贱，谈何容易？"翻手作云覆手雨，纷纷轻薄何须数。"旅食生活，终必困窘。《敬赠郑谏议十韵》诗结尾说："君见途穷哭，宜忧阮步兵。"《奉赠鲜于京兆二十韵》诗结尾说："有儒愁饿死，早晚报平津。"不过这些都无用，结果只好暂出长安，返归杜曲旧庄。"杜曲幸有桑麻田，故将移住南山边。""故山多药物，胜概忆桃源。"长歌激越，种药南山，免得饿死于长安。

这时唐玄宗不知道经过二十多年的劣政，国内已经败坏不堪，只存一个空架，依然拓边不已。他把东北的契丹交给靠不住的安禄山。西边吐蕃，南边南诏，逐年用兵，不停征调。结果鲜于仲通败于南诏，高仙芝在中亚也为大食兵所击溃。制大募两京及河南北兵。人民不肯应募，杨国忠遣御史分道捕人，连枷送诣军所。旧制，百姓有勋者，免征役。时调兵既多，国忠奏先取高勋。于是行者愁怨，父母妻子送之，所在哭声振野。杜甫的《兵车行》说：

> 耶娘妻子走相送，尘埃不见咸阳桥。
> 牵衣顿足拦道哭，哭声直上干云霄。

山中更是寂寞，子午谷中玄都坛，住有元逸人，他是杜甫故人，前曾隐居山东东蒙峰，现在住玄都坛。杜甫对他的甘心隐退极为羡慕，自己却不甘沉埋，依然兀兀。所谓"葵藿倾太阳，物性固难夺"，这真是无可奈何的事情。

山中住不久，杜甫便又应郑虔的邀约，同游韦曲西何将军山林。这大约是天宝十二载（753）夏天的事情。郑虔和杜甫结识，也是从此开始。

郑虔是一个多才多艺的人，当时做广文馆博士。他尝自写其诗并画，献给唐玄宗。唐玄宗一看，拍案叫绝，在纸尾上题写"郑虔三绝"。郑虔不只诗书画都绝，而且长于地理，深知药性，识星经天文。不过他也是遭遇坎坷，饭常不足，自然很容易和杜甫变成知交。后来在长安，"得钱即相觅，沽酒不复疑"，两个人忘形痛饮，细雨春灯，"但觉高歌有鬼神，焉知饿死填沟壑"，大浇其块垒。郑虔虽做官，但在一个穷衙门，而且好喝酒，"醉则骑马归，颇遭官长骂"，弄得坐客无毡。幸而有国子司业苏源明常常供给他酒钱。当时的才士，没有官的杜甫固然穷，有官的郑虔也是一样的穷。诚然像杜甫《杂述》所说："是何面目黧黑，常不得饱饭吃，曾未如富家奴，兹敢望缟衣乘轩乎？"

另外却有人吃得好："紫驼之峰出翠釜，水精之盘行素鳞。犀箸厌饫久未下，鸾刀缕切空纷纶。黄门飞鞚不动尘，御厨络绎送八珍。"这是新承主恩的虢、秦、韩三夫人。绣罗金翠，箫管杂沓。炙手可热，谁敢说话？"朱门酒肉臭，路有冻死骨。荣枯咫尺异，惆怅难再述。"那些贵人们穿着貂鼠裘，悲管逐清瑟，在烟雾中像神仙一般，以驼蹄劝客，闲嚼着霜橙香橘的时候，谁还能想到风雪中凄惶，吃不得饱饭的人呢！

天宝十三载（754）春天，杜甫又到何将军山林。何将军虽然是武人，却"雨抛金锁甲，苔卧绿沈枪"，爱好斯文，耽嗜野趣。所以杜甫常去游玩，深羡何园林泉之胜。

夏天，杜甫曾陪诸贵公子携妓到丈八沟纳凉，与鄠县源大少府宴渼陂，和岑参兄弟游渼陂。

这时，高适已经去河西，充哥舒翰府掌书记。高适自从和杜甫在梁宋分别后，不久便解褐任封丘尉。高适后来也到长安，登慈恩寺塔，其诗说："盛时惭阮步，末宦知周防。输效独无因，斯焉可游放。"可见也是在不得意中。现在因为哥舒翰开府河西，奏请严武为节度判官，吕諲为度支判官，高适为掌书记。杜甫寄诗说："闻君已朱绂，且得慰蹉跎。"后来哥舒翰入朝，杜甫有《投赠哥舒开府翰二十韵》："防身一长剑，将欲倚崆峒。"颇有自荐入幕之意。不幸哥舒翰在道上得了风疾，到长安后，便居家卧病不出。

直到安禄山反叛，危迫时要哥舒翰守潼关，那时哥舒翰的病还是没有好，他也再没有去河西。

秋天，杜甫害了一阵疟疾，"疟疠三秋孰可忍，寒热百日相交战"，这场疾病，闹得杜甫头白眼暗，肉黄皮皱。有一个叫王倚的看着他可怜，便沽酒割鲜，替他病后调补。这使杜甫深为感激，作诗说："但使残年饱吃饭，只愿无事常相见。"

那一年长安秋天苦雨，出门入门，雨滴不停，弄得"群木水光下，万家云气中"，到处泥活活的。杜甫旅次，更是多雨生鱼，青苔及榻。住曲江头的岑参，住素浐路的陇西公李瑀，虽然距离不远，一概不得奉访。而且关中灾沴①相继，畿辅②大饥，"城中斗米换衾裯，相许宁论两相直"，百草烂死，禾稼无望。唐玄宗虽然昏聩，也忧虑起淫雨伤害禾稼。杨国忠便寻取些没有坏的秋禾，献给玄宗说："雨虽多，不害稼也。"扶风太守房琯报灾，杨国忠便派御史推案，所以天下没有人敢说有灾，不过长安雨霖不止，这是没有办法掩盖的。唐玄宗便向高力士说："淫雨不已，卿可尽言。"高力士说："自陛下以权假宰相，赏罚无章，阴阳失度，臣何敢言！"唐玄宗默然。这雨直闹得"去马来牛不复辨，浊泾清渭何当分。禾头生耳黍穗黑，农夫田妇无消息"，真是一场罕见的灾害。

杜甫在这一年中，自然还不断活动，赠张垍诗说："顾深惭锻炼，才小辱提携。"张垍似乎有意汲引，可是张垍在三月间为杨国忠所构陷，贬卢溪司马，自然无能为力。八月，杨国忠忌陈希烈，

---

① 沴（lì）：灾害。
② 畿辅：畿，京畿；辅，京城附近的地区。合指京都附近的地方。

以韦见素和雅易制,荐代陈希烈,于是便以韦见素为武部尚书、同平章事。杜甫《上韦左相二十韵》诗,一曰:"长卿多病久,子夏索居频。"又说:"巫咸不可问,邹鲁莫容身。"都是有所冀于韦见素的。

不过这些都没有用处,到冬天杜甫便又有《进封西岳赋表》。进表云:"臣本杜陵诸生,年过四十,经术浅陋,进无补于明时,退尝困于衣食,盖长安一匹夫耳。顷岁国家有事于郊庙,幸得奏赋,待罪于集贤,委学官试文章,再降恩泽,仍猥以臣名实相副,送隶有司,参列选序。然臣之本分,甘弃置永休,望不及此,岂意头白之后,竟以短篇只字,遂曾闻彻宸极,一动人主,是臣无负于少小多病、贫穷好学者已。在臣光荣,虽死万足,至于仕进,非敢望也。"这无疑是陈述献《三大礼赋》的事,唤起玄宗的记忆。后面又说"臣常有肺气之疾"之类的话,大概从这时起,杜甫的健康便有问题了。

这次不是投的延恩匦,径交献纳起居舍人田澄,《赠献纳使起居田舍人澄》诗云:"扬雄更有《河东赋》,唯待吹嘘送上天。"也是请田关照的意思。此外献的还有《雕赋》,《进雕赋表》中杜甫说自己衣不盖体,寄食于人,奔走不暇,只恐转死沟壑,安敢望仕进。

这次有效了,天宝十四载(755),便授杜甫河西尉。不过杜甫不希望做县吏,不拜。后来改授右卫率府胄曹参军。有《官定后戏赠》一诗:

不作河西尉,凄凉为折腰。
老夫怕趋走,率府且逍遥。
耽酒须微禄,狂歌托圣朝。
故山归兴尽,回首向风飙。

历史的温度

中国古代官职任免、升降的常用术语

拜：用一定的礼节授予官职。如："甫自京师宵遁赴河西，谒肃宗于彭原郡，拜右拾遗。"(《旧唐书·杜甫传》)

除：拜官授职。如："除臣洗马。"（李密《陈情事表》）

擢：提升官职。如："擢瑞户部主事。"（张廷玉《明史·海瑞传》）

陟：进用。如："宫中府中，俱为一体，陟罚臧否，不宜异同。"（诸葛亮《前出师表》）

升：升官，高升。如："名因文著，位以才升。"（白居易《祭卢虔文》）

迁：贬谪，放逐。如："顷襄王怒而迁之。"（司马迁《史记·屈原贾生列传》）

谪：因罪而被降职或流放。如："清河张君梦得谪居齐安。"（苏辙《黄州快哉亭记》）

（四）从奉先到白水

初任官职
安史之乱
移居白水

  初涉官场的杜甫官位低微，俸禄稀薄，无力维持一家生计，他不得不把家小安置到长安北边的奉先县。天宝十四载（755）秋冬之际，他惦念家人，决定去奉先县探亲。其时，安史之乱爆发。为了躲避战乱，杜甫携家去白水投靠舅父。在辗转途中，他看到百姓流离失所、生灵涂炭，心如刀刺，悲伤之情难掩，挥笔留下《后出塞五首》。

杜甫在率府官定以前，便把原先在杜曲的家属安置到奉先。奉先县杨令以及僚吏对杜甫都不坏，所以杜甫诗说："轗轲辞下杜，飘飖陵浊泾。"又说："荒岁儿女瘦，暮途涕泗零。主人念老马，廨署容秋萤。"奉先邻县白水，杜甫有个十九舅在白水做县令，所谓"白水崔明府"。这次搬家的原因，不甚明白。大概在杜曲的诸位亲戚虽然和杜甫是同族，但对于贫窭的他，总有失态的地方。杜甫在《示从孙济》中写道：

所来为宗族，亦不为盘飧。
小人利口实，薄俗难具论。
勿受外嫌猜，同姓古所敦。

杜甫偶一访问，仅有米饭、葵羹。何况托寄妻子，自然有些纠葛。

右卫率府胄曹参军，是一个正八品下的官，掌管的是一些兵械甲仗、公廨兴缮之类的事情。右卫是宫禁宿卫的十六卫之一，所以与杜甫来往的都是些将军武夫。从他为李邓公写的《骢马行》，以及《魏将军歌》《天育骠骑歌》，自然可以看出来。杜甫很想辞去不干，《去矣行》说：

> 君不见鞲上鹰，一饱即飞掣！
> 焉能作堂上燕，衔泥附炎热。
> 野人旷荡无靦①颜，岂可久在王侯间。

宁为鹰扬，不为燕附。杜甫做胄曹的苦恼，腼颜侯门的无聊，在这小诗里完全写出。不过未试餐玉法，不知有什么仙方可以不吃饭。

天宝十四载（755）冬，杜甫从长安赴奉先县省家。岁暮风疾，霜寒指僵。路过骊山，那时唐玄宗正在骊山华清宫。因为骊山有温泉，唐玄宗冬天常住在那里。"瑶池气郁律，羽林相摩戛。"那时国库丰盈，赏赐无度。杜甫想起帛练都是征自民间，"本自寒女出，鞭挞其夫家"，现在却任意赐予，等诸虚掷，不禁令人战栗。

北渡泾渭，路更难行。好容易到家，却"入门闻号咷，幼子饥已卒"，杜甫心里更觉凄惨：自己"生常免租税，名不隶征伐"，还如此艰窘，那么失业远戍的人家，生活怎么过呢！

这时安禄山兼任范阳、平卢、河东三镇节度使，阴谋作乱，

---

① 靦（miǎn）：同"腼"。害羞，不自然。

殆将十年。且安禄山和杨国忠不和，杨国忠为了证明安禄山必反，常常用事激刺安禄山。十一月，安禄山便率军十五万，当真反了。他以讨杨国忠为名，引兵南下。

安禄山坐着铁舆，步骑精锐，烟尘千里。那时承平日久，百姓不知兵革。安禄山的军队所过之处，望风瓦解，甚至守城士卒，听见鼓角声，自坠如雨。十二月从灵昌渡河，不久便攻下洛阳，河南尹达奚珣投降。潼关告急，长安危殆。

安禄山反的消息初到长安，唐玄宗简直不敢相信。后来知道安禄山定反，才召宰相商议。杨国忠扬扬自得，还大言不过旬日，必传首阙下。恰好安西节度使封常清入朝，玄宗问以方略，封常清也说可以计日取逆胡之首。结果，封常清临时拼凑的队伍在葵园大败，丢弃了洛阳，直退潼关。幸而安禄山忙于做皇帝，在洛阳逗留不进，潼关才得修完守备。封常清被边令诚构陷，敕即军中斩首。封常清遗表说："臣死之后，望陛下不轻此贼！"这时，唐玄宗才知道事情并不简单。

天宝十五载（756），安禄山自称"大燕皇帝"，改元"圣武"。唐室派郭子仪为朔方节度使，李光弼为河东节度使，哥舒翰虽然病废，也借其威名，强令守潼关。另外颜杲卿在河北，张巡在河南，都能阻挠燕兵。

到五月间，郭子仪、李光弼大败史思明于嘉山。史思明跣足步走，奔于博陵，李光弼围之。河北十余郡，皆杀燕守将而降。安禄山在洛阳和渔阳的交通完全断绝，将士家在渔阳的，都有些动摇。安禄山大为恐惧。

四　从奉先到白水

这时杨国忠又怕哥舒翰掌握重兵，于己不利，要玄宗催促哥舒翰进兵收复陕洛。哥舒翰以为利在坚守。郭子仪、李光弼也以为先北取范阳，覆其巢穴，潼关大军，只应固守。杨国忠说哥舒翰逗留，玄宗以为然，催促哥舒翰出关，使者项背相望。

哥舒翰没有办法，拊膺恸哭，引兵出关。结果在灵宝西原，为燕将崔乾祐所败，士卒入关的才八千人。崔乾祐便乘胜进攻潼关。

这时杜甫在奉先，虽然每逢节日，颇有友朋聚饮。不过世事险恶，心情全非。"垂老恶闻战鼓悲，急觞为缓忧心捣。"又说：

地轴为之翻，百川皆乱流。
当歌欲一放，泪下恐莫收。

奉先不可久留，夏天杜甫便又携家北去白水，投靠十九舅。诗云：

兵气涨林峦，川光杂锋镝。
知是相公军，铁马云雾积。
玉觞淡无味，胡羯岂强敌。
长歌激屋梁，泪下流衽席。

带甲未释，东郊不开，旅食生涯，更感觉仓促彷徨了。

虽然崔十九赠寓高斋，炊雕胡饭，但是避乱孤踪，前途茫茫，酒食宴旁，也不由得兴"何由似平昔"之感。

这一大变动，杜甫有《后出塞五首》，其风调和《前出塞九首》大不相同。

这五首也要连续读下，是一个士兵从应募赴军到从叛军中脱身逃归的故事。

第一首说男儿及壮当封侯，可以不惜金钱，去买马鞭、装饰刀头，在亲戚欢送中，"含笑看吴钩"，欣然应募，远赴蓟门。

第二首说入伍后，"落日照大旗，马鸣风萧萧"，平沙列帐，月光下悲笳声动，一派整肃森严，壮士们惨而不骄。

第三首说古人用兵，多半是不得已；现在却是六合一家、四夷孤军的时候，将士们争求高勋，所以奋身拔剑，开拓边疆。

这三首合起来，说明当时邀功幸进的人是多么踊跃地集中于蓟北。这虽然是说开、天时事，但终唐之世，蓟北自成一单位；和江南、关中对立，也可以从此看出端倪。

第四首说渔阳经济基础的奠定："渔阳豪侠地，击鼓吹笙竽。云帆转辽海，粳稻来东吴。越罗与楚练，照耀舆台躯。"渔阳富丽繁荣，几乎凌越长安。主将位高气骄，完全没把上都放在心上。安禄山的反迹，跃然纸上。

最末一首是从军人自述：身本良家，不肯从逆，所以在幽州骑长驱河洛的时候，中夜逃归。虽然故里已成废墟，妻孥无存，但是幸免恶名。

这五首和《前出塞九首》一样，绝不是全凭杜撰，而是有着本事的，都一样是很出色的报道诗篇。

安禄山叛乱前便向玄宗多讨告身，不拘常格，任意除授，所以那些志在封侯的人才以蓟北为捷径，不惜资斧，愿意北征。在经济方面，除了向朝廷勒索以外，又"分遣商胡诣诸道贩鬻"，每年输入珍货数百万，使渔阳成为天下财富重地。同时又多用同罗、奚、契丹的将士，于是天下劲兵，集中于河北。一旦安禄山叛变，唐兵几乎无从措手。后来用河西、陇右兵，甚至借兵回纥，两京才得以收复。此后直到肃、代两朝，关中并没有摆脱沦陷的威胁。杜甫的一去不返，也是因为这个原因。开天盛事，只能当作佳话来说，唐朝的声威，从此一蹶不振了。

历史的温度

高适

高适（约700—765），字达夫，渤海蓚（今河北景县）人，唐朝著名的边塞诗人，历任淮南、西川节度使，封渤海县侯，终散骑常侍，世称"高常侍"。《旧唐书》说："有唐已来，诗人之达者，唯适而已。"

高适的诗题材广泛，内容丰富，有以下几类：

反映诗人自己早年坎坷遭遇的诗。如《别韦参军》："白璧皆言赐近臣，布衣不得干明主。"

反映民生疾苦的诗。如《自淇涉黄河途中作（其九）》："去秋虽薄熟，今夏犹未雨。耕耘日勤劳，租税兼舄卤。园蔬空寥落，产业不足数。尚有献芹心，无因见明主。"

边塞诗。如《塞上听吹笛》："雪净胡天牧马还，月明羌笛戍楼间。借问梅花何处落，风吹一夜满关山。"

五 长安在动荡中

| 长安失陷
| 流亡避难
| 意外被俘

756年，叛军攻陷长安，居民纷纷外逃，城内一片狼藉。惶恐至极的唐玄宗带着少数的亲眷和亲信从延秋门出宫一路向西南，开始了"幸蜀"的逃亡之旅。杜甫一家搬到鄜州（今陕西富县）羌村避难。得知唐肃宗在灵武即位，杜甫只身北上，打算投奔灵武，不料在途中遭遇叛军，被押至长安后困在城内，与家人失去联系。

天宝十五载（756）六月九日，潼关失陷。大将哥舒翰被部下火拔归仁逼协着降了安禄山，于是河东、华阴、冯翊、上洛各防御使都逃走了。长安失掉了武力的屏障，这消息马上使宫廷枢要起了恐慌。

到黄昏，平安火不来，唐玄宗才真正地感到面临着生死存亡的危机。第二天上朝，朝臣们束手无策，下朝后，他们更把这消息散布到全长安城，百姓惊扰逃散，市里萧条。到十二日早朝，百官来的不过十分之一二。唐玄宗知道无可挽回，当夜命龙武将军陈玄礼整顿六军，十三日清早，便带着贵妃姐妹、皇子等和杨国忠出延秋门，实行杨国忠的幸蜀避难大计。唐玄宗放弃了他的家属、大臣、子民和城池，在安禄山的队伍到来之前，便西去了。早朝时，三卫立仗俨然，百官还有入朝的。可是宫门一开，一群宫女拥出奔散，大臣找不着皇帝，纷纷扰攘。于是王公士民各自出城逃难。有人便趁机到宫里抢劫金宝，有的甚至骑着驴子公然走上金殿。

玄宗一行，十四日到马嵬驿。禁军杀了杨国忠，又威胁着唐玄宗赐杨贵妃自尽。这样，十五日便又出发，经过扶风、陈仓，出散关，向四川去了。太子李亨被百姓和群臣遮留，由奉天北上，经新平、安定、彭原，十九日到平凉，随后又从平凉出发向灵武，七月十二日便在灵武即皇帝位，改元至德。

在这一大变动中，长安附近各郡防御使早已弃城逃遁，因此人心惶惶，风声鹤唳。白水自然也是一片混乱，不能居留。杜甫便携带着他的家属，向北流亡避难。当时和杜甫一同逃难的还有他表侄王砅一家，不料路上拥挤，杜甫的马没有了，陷身蓬蒿，无法前进。王砅已前行十余里，又返回身来，右手持刀，左手牵马，一路呼号寻觅，才使杜甫脱险而出。

逃亡路上艰险颠连，又遇上雷雨经旬，走在又泥又滑的山路上，有时一天走不了几里地。沿途没有人家，饿了只好吃些野果。大人还可以忍耐，小女孩饿得咬人哭号。骥子勉强懂事，也嚷着要吃沿路的苦李子。"早行石上水，暮宿天边烟。"杜甫空着肚皮，挈妇将雏，真是不知如何是好。走到同家洼，幸而遇到故人孙宰。孙宰看了他们这一家的狼狈，老大不忍，便将杜甫一家邀到他家里休息。那时天已经黑了，杜甫走进孙家，看见灯火，恍如隔世。孙宰又替他们暖汤濯足。小孩子几天疲乏，这时早已酣睡了，饭好了，又被叫起来吃饭。虽不过是平常的招待，但是对杜甫一家人来说，这已经是异遇了。

"少留同家洼，欲出芦子关。"在孙家小住后，杜甫一家便又继续北行，经华原至三川，一路上"自多穷岫雨，行潦相豗蹙"。川流暴涨，水气昏黄，"应沈数州没，如听万室哭"。举头望天，恨不得骑上鸿鹄飞跃过去。到鄜州后，得到肃宗即位于灵武的消息，杜甫便草草把家属安置在鄜州西北的羌村，想奔赴行在，参加新朝，做一番兴复工作，谁知道在路上却被贼兵虏获，押赴长安。大概这时杜甫官职卑小，所以不怎么被贼人注意。也许杜甫没有说出真实姓名，样子又狼狈，贼兵没看重他。总之，杜甫在长安似乎没有经历逼降或囚禁的事情，还相当自由，只是一时再没有方法从长安逃出罢了。

唐玄宗虽然跑掉了，安禄山却没有到长安来，进入长安的是孙孝哲的部队。安禄山遣孙孝哲搜捕唐室子孙，于是霍国长公主、永王妃、驸马杨驸等八十多人，或在崇仁坊被刳心杀害，去祭那被玄宗杀死的安庆宗，或用铁棓揭其脑盖，流血满街。随后又杀害了皇孙和郡、县主二十多人。漏网的唐宗室，便只有藏匿起来。杜甫这时正在长安，也是当时街头的流浪汉，有一次便遇到一个遭劫后的王孙，遍体伤痕。王孙道做奴也好，只求收容，却不敢说出姓名来。可是高祖的子孙都是高鼻子，何况腰下宝玦珊瑚，那是瞒不了杜甫的。这时的杜甫自己还无法生活，怎有余力搭救这末路王孙，只能告诉他天子已经传位，回纥遣兵入援，大有希望，让他好好藏身躲避，等待时机。胡兵满街，也不敢多絮聒，杜甫除了写一首诗纪实以外，对此无能为力。

孙孝哲占据长安以来，便不断奉命搜刮百官、宦者、宫女，每获几百人，便送往洛阳。护驾西去的王侯将相的家属有留在长安的，搜到便行杀戮，就是婴孩也不免。后来，安禄山听说长安混乱，百姓多入宫盗取库藏，又命孙孝哲大搜三天，不只官物，甚至连百姓私财也掠夺去。老百姓吃不消，便天天盼唐兵收复长安。于

五 长安在动荡中

是谣言纷纭，时或传言唐兵到来，便四散奔逃。京畿豪杰也常常杀害安氏所委官吏，想接应官军。所以孙孝哲的兵力，南不出武关，北不过云阳，西不过武功。江、淮等地的物资却可以从襄阳取上津路抵扶风，接应灵武。这一条经济路线，自然使唐肃宗得以恢复实力，不至于挤在西北的死角里。为了密接这一条经济动脉，唐肃宗便又从灵武南下到顺化，到彭原，准备以凤翔做根据地收复长安。这时李光弼在太原，郭子仪在天德军，仆固怀恩使于回纥。西北基础稳固，房琯便上疏，自请将兵收复两京。房琯分三军向长安出发：杨希文将南军，自宜寿入；刘贵哲将中军，自武功入；李光进将北军，自奉天入。十月二十一日，中军、北军和安守忠的队伍在咸阳东边陈涛斜接战，唐军大败，伤亡四万多人，几乎全军覆没。"野旷天清无战声，四万义军同日死。群胡归来血洗箭，仍唱夷歌饮都市。"隔一天，二十三日，房琯亲率南军与敌人交战，结果又败。这个消息传到长安，"都人回面向北啼，日夜更望官军至"。这时杜甫觉得敌势尚强，不好仓促，"焉得附书与我军，忍待明年莫仓卒"。那时节正下着大雪，乱云薄暮，急雪回风，杜甫有《对雪》一诗："战哭多新鬼，愁吟独老翁。""数州消息断，愁坐正书空。"

至德二载（757），杜甫还是在长安。元旦苏端、薛复邀宴，座中还有善写长句的薛华。杜甫看少年们纵谈快意，便更觉自己形容枯槁，又念及困处围城，无以自保，不禁急觞为缓，忧心如焚了。

由于时节变换，杜甫孤身独处，对离散的家属就更加怀念。

听说韦氏妹在钟离,但京城沦陷,所以音信阻断。在平阴的弟弟现在"侧身千里道,寄食一家村",战火连天,不知此后能否再相会。妻子寄居在鄜州,"涧水空山道,柴门老树村",现在也不通消息,尤其是幼子骥子,现在才懂事,"问知人客姓,诵得老夫诗"。在此"天地军麾满,山河战角悲"的当儿,想来想去,只好说是"倘归免相失,见日敢辞迟"。像在奉先那样的悲剧不再发生就好了,哪还敢埋怨相见的日子邈远无期呢?"国破山河在,城春草木深。感时花溅泪,恨别鸟惊心。烽火连三月,家书抵万金。白头搔更短,浑欲不胜簪。"这首题为《春望》的诗沉痛地刻画出杜甫当时的心情。虽然如此,杜甫对于国事却益发关注。他默想当时形势,灵武是兴复的根本,而延州以北的芦子关现在却"边兵尽东征,城内空荆杞"。史思明和高秀岩万一从山西"回略大荒来",崤函之险等于虚设。薛景仙在扶风就能够使上津路通畅无阻,芦子关倘得万人扼守,定能遏止两寇。"胡行速如鬼",迟则无及,利在速行。然而,"谁能叫帝阍",这番建议如何才能让肃宗知道呢?幸而安禄山不久就被安庆绪杀死,史思明归范阳,唐帝国的大后方才不致遭到毁灭性的打击。

当时杜甫的生活自然是非常艰窘的,到处乞食,也不见得被亲知们欢迎,所以通常是"一饭迹便扫",只有苏端家还可以经常讨援。"浊醪梨枣亦易求""亲宾纵谈天下乐",得到一定的安慰。不过杜甫的哀愁是放不下的,执热难消,只有狂走。"少陵野老吞声哭,春日潜行曲江曲",这里虽然依旧是细柳新蒲,但是宫殿萧条,一片凄凉。想起昔日明皇和宫妃的奢华生活,杜甫心事丛杂,烦乱难消。归来时，"黄昏胡骑尘满城"，他不禁"欲往城南望城北"。此外怀远坊的大云寺，有时也可以徘徊几天。吃顿饱斋，洗洗澡，和尚赞公很念旧，又赠给他青丝履、白毛巾。可是"泱泱泥污人，听听国多狗"，围城中不时有人告密揭发，虽是"近公如白雪，执热烦何有"，却也不便久住。这时他听说嫁给韦氏的妹妹在钟离，弟弟在平阴，鄜州的妻子却毫无消息，又想起那才会说话的骥子，在这"天地军麾满，山河战角悲"的时代，真令人愁得只好睡觉。

那个春天久旱不雨，有时雨后初晴，杜甫便到郊外看看，陵陂麦秀，桃李花发，觉得"春夏各有实，我饥岂无涯"，但是"丈夫则带甲，妇女终在家。力难及黍稷，得种菜与麻"。虽然春雨及时，恐怕也只是苟活之计，难望收成了。

安禄山死后，洛阳混乱，被胁迫为伪水部郎中的郑虔逃来长安，"白发千茎雪，丹心一寸灰"，杜甫对他是寄予无限的同情的，所以有《郑驸马池台喜遇郑广文同饮》一诗纪实。不过这时唐肃宗已经由彭原进驻凤翔，消息传来，杜甫觉得再也不能在这围城中待下去了，决计逃往凤翔。

大概就是这一年的四月间吧，趁着草木丛生，杜甫便从金光门逃出长安，傍山依树，落荒向凤翔奔去。到了凤翔，亲知几乎不认得他了。杜甫穿着一双麻鞋，衣服破得露着两个臂肘，白发苍苍，又老又瘦，自己惊定思痛才觉得"死去凭谁报，归来始自怜"。不过这总是一个新朝廷了。唐朝威仪，重见今日，"喜心翻倒极，呜咽泪沾巾"，自己总算脱险归来了。朝廷激赏他的孤忠，五月十六日唐肃宗命中书侍郎张镐赍符告谕，拜杜甫为左拾遗。

杜甫本想先回鄜州，探视妻子。不过刚授新官，他不好开口，只得托人先带信去探问，因为这时也不知道他的家还在不在。在大乱之中，杀人像杀鸡狗一样。家属存亡，真够担心。信寄出后，杜甫先是盼望，迟之越久，却"反畏消息来"了。直到秋天，家信终于来了，令人欣喜的是，家人都平安。可是在此期间，发生了一场并不算小的风波。

房琯在陈涛斜大败以后，肃宗很有些恼怒。赖李泌营救，房琯并没有受处罚。房琯为人高简，疏阔大言、不切实际。兵败后，他常称病不朝谒，天天和庶子刘秩、谏议大夫李揖高谈释老，要不就是听门客董庭兰鼓琴。董庭兰便借势纳贿，被有司劾治。房琯向肃宗申诉，替董庭兰辩解，肃宗震怒，罢房琯为太子少师。杜甫和房琯是布衣交，又认为他才堪公辅，不应该因细故免大臣，便上疏论救。肃宗益怒，诏三司推问。宰相张镐说："甫若抵罪，绝言者路。"肃宗这才不再责问杜甫，然而从此对杜甫便不甚省录。六月一日杜甫有《奉谢口敕放三司推问状》。

所以接到家书以后，在闰八月初，杜甫便奉墨制去鄜州省家。临走时有诗《留别贾严二阁老两院补阙》。贾是贾至，当时是中书舍人；严是严武，杜甫和严武的父亲严挺之是朋友，所以是严武的前辈。至于当时的遗补，据杜甫荐岑参状，左拾遗还有一个是裴荐，右拾遗是魏齐聃和孟昌浩，左补阙是韦少游。

这时候还是丧乱未已，干戈满地。一路上人烟萧瑟，田园荒芜。杜甫到麟游，看了那由仁寿宫改名的九成宫，不禁想到天子蒙尘。当时因为军事紧急,准备大举收复,公私马匹,一切括敛充军用,只好徒步,"白头拾遗徒步归"。所以到了邠州,他便赠给李嗣业一首诗,说"妻子山中哭向天,须公枥上追风骠",想借一匹马骑回去。过宜君县,看了玉华宫;"溪回松风长,苍鼠窜古瓦""阴房鬼火青,坏道哀湍泻",更感到世迁物化。好不容易到了家,妻子衣百结,小孩子也是脸上没有血色,一双泥脚没有鞋。两个小女孩穿着破破烂烂的旧衣服,"补绽才过膝"。千里乍归,不禁拭泪。小孩子高兴,依偎膝下,不过,久不相见,又有些怕,便又离去了。杜甫看了这一片黯淡景象,真有些怆怀。天黑了,点上灯火,恍然如梦。随后问起家事来,知道田禾已经收了,酒也酿了些。于是杜甫便也拿出囊中帛来,粉黛衾裯,算是对妻子的抚慰。

这经过离乱的小家庭,随后便有些起色了。瘦妻脸上有了粉黛,看着光洁了。小女孩粗枝大叶地画眉,熊儿、骥子不再害羞了,四个孩子问起话来,攀颈挽须,聒乱不堪。邻居父老也各携酒壶,替杜甫洗尘。兵燹[1]中家人完聚,想起陷贼时的艰危,杜甫自然觉得相当欣慰。

不过,在这兵戈满眼的时代,自比稷契[2]的杜甫哪能甘心株守田园,天涯寥落?只是朝廷的情势,虽不容悲观,却也不能尽如人意。去了一个杨贵妃,又来了一个张良娣。死了一个杨国忠,又出

---

[1] 兵燹(xiǎn):因战乱而造成的焚毁、破坏。燹,野火。
[2] 稷契:稷,指后稷,舜的稷官,主管农事,教人耕种。契,舜的司徒,掌管教化。二人都是有德之臣,被人们当作歌咏的贤臣典范。

了一个李辅国。哪怕是李泌，也只能旁敲侧击，不能直言。在军事上唐肃宗只求速效，没有远大的计划，甚至借了些回纥士兵和拓羯士兵，目的只在收复两京，甚至和回纥太子叶护约定，收复京师以后，"土地、士庶归唐，金帛、子女皆归回纥"。李泌建议：令建宁王并塞北出，和李光弼相掎角，直取范阳。肃宗却认为等不得。可见肃宗的意思只在收复京师做真正的天子，幽燕青徐完全不考虑。因着急于收复京师，一切牺牲在所不计，便把金帛、子女许给叶护。这样不顾后患的做法，自然为有远识的大臣所忧虑，不过有什么办法呢？唐肃宗的意思就是这样。而且房琯被黜斥以后，肃宗对杜甫大不满意。杜甫只不过是一个左拾遗，哪还能再多说些什么？他也只好暂住田园，自甘衰白了。

正在杜甫寂寥凄凉的时候，唐肃宗的收京大计，逐步实现了。肃宗命广平王李俶为天下兵马元帅，郭子仪为副元帅，率领朔方和回纥、拓羯士兵共十五万，号称二十万进攻长安。九月，大军出发。大军在扶风稍驻，之后到长安近郊，在香积寺北，沣水之东，和安守忠、李归仁的大队交战。从正午直到天晚，杀敌六万余人，安、李大溃败，连夜逃遁。十月，唐肃宗还京。

此时，杜甫还在鄜州。他有《喜闻官军已临贼境二十韵》和《收京三首》。朝廷正在"更与万方初"，十月二十八日肃宗御丹凤楼，下制云："早承圣训，常读礼经，义切奉先，恐不负荷。"杜甫不禁"沾洒望青霄"。在这国家大庆的时候，杜甫不能在家里久住了，大约在十一月间，便又离开鄜州回到了长安。

到长安后，第一件使杜甫伤心的事，便是郑虔被贬为台州司户参军。

郑虔本是一个疏放人物。安禄山反叛，郑虔被系解到洛阳，安禄山伪授虔水部郎中。郑虔不敢拒绝，假托风疾，求摄市令，另外却密章达灵武，表明心迹。两京收复后，这些受过伪命的叛臣，自然要治罪。几经商酌，结果分六等定罪：最重的刑之于市，其次赐自尽，再其次重杖一百，后三等便都以流贬了事。杜甫和郑虔是很好的朋友。杜甫陷落在长安的时候，还见过郑虔一次，那时安禄山已经死了，洛阳正乱，郑虔趁机逃回长安。两个人在一起喝过一次酒，杜甫还说他："白发千茎雪，丹心一寸灰。"现在郑虔却终因附贼被贬台州。

这位白发老画师被贬，杜甫觉得很伤感，而且仓皇就道，未得饯别，更觉遗憾。杜甫送诗便直云："便与先生应永诀，九重泉路尽交期。"郑虔不久就死在台州了。

这一年因为闰月的关系，春天到得很早。所以虽然在腊月，却已经冰冻全消，"漏泄春光有柳条"了。但是朝廷照例颁给近臣口脂面药。杜甫是左拾遗，自然也得到这荣赐的一份。纵酒会饮，算是大乱以后，值得庆幸的一件事。

同时，安庆绪逃奔邺郡，史思明以十三郡及兵八万投降，唐室统一的光影在这年尾闪动着。

历史的温度

安史之乱

安史之乱是天宝十四载（755）至广德元年（763）间，由安禄山与史思明发动的跟唐朝皇室争夺统治权的叛乱，是唐朝由盛转衰的转折点，并且造成了唐代藩镇割据的局面。因为发起反唐叛乱的指挥官主要是安禄山和史思明，因此该事件被冠以"安史"之名；又由于其爆发于天宝年间，也称为"天宝之乱"。

安史之乱历时八年，虽然战乱最终得以平定，可是对后世的政治、经济、社会、文化、对外关系的发展均产生了极为深远的影响。司马光在《资治通鉴》中说："由是祸乱继起，兵革不息，民坠涂炭，无所控诉，凡二百余年。"

六 华州司功

酒债缠身
被贬华州
"三吏三别"

　　杜甫的官场生涯并不如意,整日醉酒,欠了一堆酒债,不久又被贬为华州司功。朝廷征讨史思明叛军,功败垂成。杜甫目睹社会黑暗,写下了著名的"三吏三别"。

乾元元年（758）春天，群臣于大明宫朝见唐肃宗。那时唐朝俨然有中兴的现象。流亡群臣，又看见旧日宫殿，烛光香烟，衣冠剑佩，心上自然都涂上一层光彩。中书舍人贾至便作了一首《早朝大明宫》，呈两省僚友，太子中允王维、左拾遗杜甫、右补阙岑参都有诗奉和。四位诗人同题和作，而且都写得锦明霞灿、电烁雷鸣。虽然不外褒颂功德，也算是诗坛佳话。

此外杜甫还写过几首有关朝臣生活的诗，如《宣政殿退朝晚出左掖》《紫宸殿退朝口号》《春宿左省》《晚出左掖》《题省中院壁》之类。那时宣政殿在含元殿北，是所谓正衙。殿东上阁门是门下省，殿西上阁门是中书省。左拾遗属门下省，杜甫的办公室处在左，所以称之为左省或左掖。紫宸殿在宣政殿北，当时谓之阁。皇帝见群臣通常都在宣政殿，叫作常参。每逢朔望，荐食诸陵寝，天子又御正殿，所以在紫宸殿朝见，叫作入阁。杜甫虽然是一个拾遗，但却是清要近臣，所以朝后还要到省，天晚才退公。每逢有封事，便坐以待旦；每逢出省，又要"避人焚谏草"。黾勉从公，这是杜甫很喜欢的一个职位。

六 华州司功

但是自从房琯事件以后，肃宗对杜甫很不满意。所以杜甫虽然有政治抱负，事实上却无能为力，颇感"老大悲伤未拂衣"。无聊之至，他只好到曲江池上去喝酒，"朝回日日典春衣，每日江头尽醉归"，闹得到处是酒债，还是纵饮懒朝。而且因军事紧急，官马一概缴还，所以杜甫出门没有马，从东家借了一匹蹇驴，骑着上朝又恐怕触怒长官，只好陈牒请假。虽然如此，每逢有三百青铜钱的时候，还要邀北邻毕曜饮酒。毕曜也是一个诗人，一样家贫宦卑，饥寒衰老，所以杜甫引为同调。

这时同侪酬唱的有王维和岑参。偶然经过郑虔的故居，"穷巷悄然车马绝，案头干死读书萤"。郑虔被远贬台州，地阔海冥，相见无期，杜甫不禁怃然。

端午日照例蒙皇帝赐细葛香罗新衣。六月房琯以罪贬邠州刺史。前祭酒刘秩贬阆州刺史，京兆尹严武贬巴州刺史，正因为他们是房琯一党的。杜甫也由左拾遗贬华州司功。

出金光门的时候，杜甫想起至德二载（757）由此门出，间道归凤翔，现在却与亲故告别，从此门去华州。那时仓皇奔逃，到现在想起还令人破胆呢！

杜甫在华州遇见高适的族侄高式颜。高式颜现在也年老了，大非从前在梁宋间酒垆论文时的模样，"平生飞动意，见尔不能无"。同时想到高适。高适因受李辅国谗毁，现在已由扬州大都督府长史、淮南节度使左授太子少詹事。"相看过半百，不寄一行书"，杜甫趁便寄诗致意。

这时候，虽然唐室收复两京，史思明降伏，但是安庆绪在邺，依然据有七郡六十余城。而且史思明虽然表面上降伏，事实却是首鼠两端，并不可乐观。不过肃宗因循，对史思明采取怀柔政策。张镐论史思明凶险，临难必变，肃宗以张镐不切事机，遂罢相位，授荆州大都督府长史。可是肃宗也知道史思明靠不住，又听了李光弼的话，于是派乌承恩入范阳，图杀史思明。结果事败，史思明又和朝廷离贰，上表扬言："陛下不为臣诛光弼，臣当自引兵就太原诛之。"局势紧张起来了，郭子仪、李光弼相率入朝，八月，以郭子仪为中书令，李光弼为侍中。肃宗决定用大兵力，先消灭安庆绪。九月，命朔方郭子仪、淮西鲁炅、兴平李奂、滑濮许叔冀、镇西北庭李嗣业、郑蔡季广琛、河南崔光远七节度使，再加上河东李光弼、关内王思礼，共九节度使，包围安庆绪。肃宗因为郭子仪、李光弼都是元勋，不好相统属，所以不置元帅，派宦官鱼朝恩为观军容、宣慰、处置使，事实上也就是统帅了。

这年大热，到早秋京畿还苦热不退。杜诗说："七月六日苦炎热，对食暂餐还不能。"华州地当要衢，簿书相仍，堆案盈几。而且苍蝇乱飞，更令人烦恼，"束带发狂欲大叫"，杜甫真有些吃不消，只想赤脚踏冰。

征讨在即，李嗣业的队伍集中于关中待命。他的队伍是龟兹、畎沙、疏勒、焉耆四镇的精锐，道经华州，杜甫看了，有"竟日留欢乐，城池未觉喧"的句子，赞美他的军队纪律整肃。

华州刺史姓郭，名字不可考稽，也向朝廷进《进灭残寇形势图》，杜甫作状说明。大略云：

> 臣伏请平卢兵马及许叔冀等军郓州西北渡河，先冲收魏……遣李铣、殷仲卿、孙青汉等军逦迤渡河佐之，收其贝博。贼之精锐，撮在相、魏、卫之州，贼用仰魏而给。贼若抽其锐卒渡河救魏博，臣则请朔方、伊西、北庭等军渡沁水收相、卫；贼若回戈距我两军，臣又请郭口、祁县等军蓑岚驰屯据林虑县界，候其形势渐进，又遣季广琛、鲁炅等军进渡河，收黎阳、临河等县，相与出入掎角，逐便扑灭，则庆绪之首，可翘足待之而已。

不过杜甫的意见，还是同李泌的一样，想直捣幽燕。他在另一首诗中说"莫守邺城下，斩鲸辽海波"，便透露出擒贼先擒王的主见。只要击败范阳，邺城如釜中游鱼，不攻自弃；否则顿兵邺城，范阳必来相救。这是很明显的，那时唐朝的大患是史思明，不是安庆绪。结果错此一着，九节度兵溃河阳，史思明坐大难制。而且九节度使讨安庆绪，军无统帅，鱼朝恩为观军容使，也是必败的主要原因。杜甫说"元帅待雕戈"，便说明要有有实权的统帅，才好制胜。

"天机近人事，独立万端忧"，杜甫对这国家大事，当时是无权过问的。

九月重阳，杜甫到蓝田崔氏庄休沐。在蓝水玉山之间置酒欢会。只是望着西庄王维的别墅，"柴门空闭锁松筠"，杜甫有些黯然而已。

冬天，杜甫又为华州刺史，出试进士策问五首。这次试题，杜甫自己说:"顷之问孝秀,取备寻常之对,多忽经济之体,考诸词学,自有文章在,束以征事,曷成凡例焉?今愚之粗征,贵切时务而已。"试题包括公赋、军食、驿运、沟渠、货币诸事。

杜甫有《至日遣兴,奉寄北省旧阁老两院故人二首》,对华州生涯,自谓是"孤城此日堪肠断,愁对寒云雪满山"。

末冬,杜甫便离华州赴洛阳省视故庄。

杜甫在路上遇到襄阳杨少府入京,想起司勋员外郎杨绾曾托自己在华州觅茯苓。杜甫便戏题四韵,说明现在山寒少茯苓,等回来时,天气暄暖了,再想法寄上。

到阌乡,阌乡尉姜七在这寒风凛冽的时节,特备特产嘉鱼招待,有秦少府作陪。杜甫在凤翔时,曾和秦住过同舍,秦现在也是多才潦倒。"新欢便饱姜侯德,清觞异味情屡极。东归贪路自觉难,欲别上马身无力。"

过湖城县,风还在刮,疾风暗尘,看不见对面的人,可是偶一睁眼,却看见孟云卿款款而来。老友相遇,不胜欣喜。恰巧城中有好主人,名叫刘颢。便相偕返城,径到刘宅。刘颢看见杜甫带着客人来了,便置酒张灯,预备酒宴。红炉照室,素月萦窗。虽然外面天寒地裂,河北还在艰难酣战,可是一夕互通款曲,也是人生的一段异事,直到天亮,才各奔东西。

这一路,杜甫是向户县李令借的胡骝马。这是一匹名驹,"头上锐耳批秋竹,脚下高蹄削寒玉",走起来"侧身注目长风生"。

洛阳陆浑庄或名土娄庄,杜甫家属有一部分住在这里。回来后杜甫才知道济州弟仍无消息。

六　华州司功

书仍在壁，妾已辞房。战火中一片凄凉，只有旧犬还垂头傍床，凄凉依人。又知道从弟某，早死在河间。"面上三年土，春风草又生"，尸柩竟无从探访了。故人也零落无几，只有一别二十年的卫八处士还在。（据《唐史拾遗》说：杜甫与李白、高适、卫宾相友善，时宾年最少，号小友，卫八或许就是卫宾。）鬓发已苍，儿女成行，问起旧识，多半死亡。春韭、黄粱，"一举累十觞"。杜甫这次回洛，显然是为过年，从冬末直住到春初。

在这期间，战事却在急剧的变化中。十月，郭子仪自杏园渡河，在获嘉击破安太清军，然后会合从阳武过河的鲁炅，从酸枣渡河的季广琛、崔光远，以及李嗣业的河西部队，围安太清于卫州。安庆绪发邺中兵七万救卫州，又被郭子仪击溃，大败。郭子仪拔卫州，进兵至邺。这时，许叔冀、董秦、王思礼、薛兼训的队伍都到了，安庆绪惶急无策，便派人求救于史思明。史思明发范阳兵十三万救邺，却观望不敢前进。

这时是对唐兵最有利的局面。杜甫有《洗兵马》诗一首，说："河广传闻一苇过，胡危命在破竹中。祗残邺城不日得，独任朔方无限功。"杜甫对郭子仪、李光弼、王思礼等，寄予无限的希望。满以为到春天，便可以肃清残寇，国运再昌。到那时寸地尺天皆为唐有，奇祥异瑞，争来贡送，田家望雨，布谷催耕。放马桃林，"净洗甲兵长不用"，再过那海晏河清的太平日子。

不过，事实却大谬不然。十一月间，崔光远拔魏州，史思明趁崔军初到，引兵大下。十二月，魏州陷落，崔军被杀三万人。乾元二年（759）正月，史思明在魏州自称为"大圣燕王"，脱离唐朝自立。李光弼请乘机攻魏州，鱼朝恩不许。

到二月，邺城还没有攻下，九节度使筑垒再重，穿堑三重，壅漳水灌城。城里面井泉皆溢，构栈而居。没有东西吃，一只老鼠也值钱四千。哪怕从墙上的泥土和马粪中淘草来吃，安庆绪也不降。

这时城外唐兵以为邺城早晚可以攻下，有些懈怠。同时军无统帅，各自为政，无所秉承。史思明便引兵直趋邺城，去城五十里立营，每营击鼓三百面，又分遣精骑逐日抄掠，分路阻挠粮运。结果唐军樵采困难，诸军乏食，直闹到人思自溃。

三月壬申，史思明引兵直抵城下和唐军决战。唐军步骑约六十万，史思明只率精兵五万人。诸军以为是游军，不甚介意。史思明直前奋击，李光弼、王思礼、许叔冀等先和他交战，互有杀伤。郭子仪承后，还未及布阵，大风忽起，吹沙拔木，天地昼晦，咫尺间不辨人马。两军大惊，南北互溃。郭子仪的朔方军，断河阳桥，退保洛阳。战马甲仗，遗弃殆尽。各军溃散，所过剽掠，吏不能止。后来诸将商议，洛阳不能守，想退保蒲、陕。结果用张用济计，以为蒲、陕荐饥，不如守河阳。于是郭子仪进驻河阳，洛阳变成一座空城。

六十万大军，九个节度使，结果就这样功败垂成，唐军终不能收复河北。

洛阳城里，士民骇散，竞奔山谷。杜甫也不好再住，便遄返华州。在路上，写了他最出名的报道诗篇——"三吏三别"。《新安吏》，写新安县小无丁，中男也被征调。《石壕吏》，写河阳紧急，吏夜捉人。《潼关吏》，写潼关筑城，又要备胡。至于《新婚别》《垂老别》《无家别》，都是说明战争带给人民的灾害，是那次大战中的几个小悲剧。乾元二年（759）春天，杜甫又回到华州。

这时，天下大旱，关辅饥馑。华州也是"飞鸟苦热死，池鱼涸其泥"。"万人尚流冗，举目唯蒿莱。"这样的坏年头，真是教人兴叹。

夜里看那羽虫飞扬，觉得小生物还能自适，可是人类却作茧自缚。大热天，还要"竟夕击刁斗"。"青紫虽被体，不如早还乡。"

立秋后，杜甫更感到宦情寥落，食之无味，"罢官亦由人，何事拘形役"。不愿意做官就不做官，何必迟疑徘徊呢？而且关辅间粮食缺乏，官俸不足自给，自己年近半百，独往心愿，应早实现。

所以杜甫终于弃官不做，携眷往秦州去了。

历史的温度

唐代的地方行政机关

地方的国家行政机关分为州、县两级。在州刺史和县令下面分别设立官吏若干人,协助他们办理本行政区域内官吏的考课、文武贡士的考试、租税的征收、仓库的保管、市肆的管理、户口的查核和统计、烽火的传送、刑狱的审讯、封建秩序的维护以及公共工程的修建等项事务。

居民百户为里,构成基层行政单位。里设里正一人,选勋官六品以下或富户白丁充当。他们的职责是查核户口、催驱赋役和监视人民行动。里的组织体现了封建统治者依靠地主阶级作为全部封建统治基础的思想。

州刺史和县令一方面要把本行政区域内的政务集中在自己手里,另一方面,又必须把各项政务向上级申报。县申于州,州申于尚书省。一些比较重大的政务,州县长官不能全权处理,须分别情况,由上级行政机关直至皇帝审查批示。

——节选自汪篯《汪篯汉唐史论稿》

(七) 在秦州

落脚秦州
四处游览
留诗百篇

　　秦州，陇右要隘，长安以西第一个重镇。因关内饥乱加上自己在仕途上郁郁不得志，杜甫决定弃官携全家来此避难。来到秦州后，杜甫先安顿好家人，之后四处游览，意欲找一个适合长期居住的地方修几间草堂安稳度日。可是，他发现秦州边患不断，并不宜久居。不过，杜甫虽然在秦州待的时间不久，却游览了秦州诸多古刹名迹，写下了不少名篇。

秦州，这时差不多是唐朝西方的门户。但是因为中原祸乱，戎夷纵横，这门户很难说有什么防御。唐肃宗就是这样敞着后门和安、史搏斗的。唯一的保障，便是在这一行动中，回纥是和唐室合作的。除了收复两京有叶护帮助外，讨安庆绪的邺城之围，回纥也打发骨啜特勒和帝德带着骑兵助讨。唐肃宗大概知道这事的危险，所以对回纥委曲求全，除册命回纥首领为毗伽阙可汗以外，又把亲女儿宁国公主嫁给他。杜甫到秦州的时候，毗伽阙可汗已死，少子继位，为登里可汗。宁国公主差一点儿殉了葬，后来她因为没有儿子，便在八月间被送回来了。杜甫诗所谓"人怜汉公主，生得渡河归。秋思抛云髻，腰支胜宝衣"，就是纪实。公主虽然没有殉葬，但也依回纥俗，劈面而哭。所以她的归来，其狼狈是可以想象的。对于与回纥合作，杜甫是不高兴的。杜甫常在民间，知道回纥的骑兵对民间的骚扰。所以他一则说"田家最恐惧，麦倒桑枝折"，二则说"花门既须留，原野转萧瑟"。因为这些白骑白袍的回纥兵，与其说是来打仗的，毋宁说是来打猎的；不过他们猎的不是野兽，而是这里的子女、玉帛。尤其令人害怕的，便是后患无穷。唐肃宗

七　在秦州

"隐忍用此物",真是所谓饮鸩止渴。不过杜甫来到秦州一看,才知道国家的当前大患,还不是回纥,而是羌胡和党项。

因为这时中原战事吃紧,秦州也在做战争动员。马邑州的降胡,"壮健尽不留",尽数东调;防河的戍卒,虽然"士苦形骸黑",也在这秋风寥落中,仆仆驿道间。秦州这时真是"东征健儿尽"了,只余"老弱哭道路"。

杜甫本来是想结庐于秦州的,不过看了这恶劣的形势,知道秦州终非乐土,于是不得不叹息,"西征问烽火,心折此淹留"。

在秦州,杜甫有三个去处:一个是族侄杜佐家,一个是隐士阮昉家,一个是赞公土室。

杜佐是殿中侍御史杜昕的儿子,住在东柯谷。东柯谷在秦州东南五十里处,佐有草堂在麦积山瑞应寺上。现在这地方还有杜甫故居,大概杜甫曾经暂寓在这附近。东柯谷是风景很美的地方,有水有竹,山云涧水,称得上是一个"好崖谷"。杜佐也颇不俗,所以杜甫说"旧谙疏懒叔,须汝故相携",常常向他索米、索薤。

阮昉,陈留尉氏人,阮籍的后代,当时隐居在秦州。杜甫说他"清诗近道要",又称他是"箕颖①客",可以想见其人品。阮昉虽是"蓬蒿翳环堵",但是对杜甫却多次伸出援手,常送食物给他。"盈筐承露薤,不待致书求。"

赞公便是长安大云寺住持,现在谪此安置。杜甫在长安城陷贼中的时候,曾到大云寺去过,赞公总算是一个故人。赞公向杜甫盛

---

① 箕颖:箕山和颍水。相传唐尧时的隐士许由住在"颍水之阳,箕山之下"。后人用"箕颖"指隐居。

赞西枝村的美好，杜甫也想和赞公住在一起，所以曾和赞公一道扪萝陟巘，在西枝村寻觅安置草堂的地方。西枝村在秦州近郭，有杉漆之利、岩窦之胜。杜甫似乎已经看好了结茅的地方，并且曾经决定住下，所以说"与子成二老，来往亦风流"，现在还有西枝草堂的遗迹。

总之，起初杜甫是很想在秦州找一个风景优美的地方定居的，除了东柯谷、西枝村似曾住过外，还有秦州驿亭附近和那有名的仇池穴，他也曾经向往过。此外像南郭寺、隗嚣宫、赤谷川、太平寺诸名胜，杜甫也都有诗纪胜。不过看了那些胡骑，再加上秦州地当冲要，人事繁稠，便"惘然难久留"了。

杜甫在秦州除了贫困以外，更难堪的是寂寞。所以生平交游，便不禁在这枯寂的生活中浮现出来。第一个便是李白，在秦州杜甫有《梦李白二首》《天末怀李白》和《寄李十二白二十韵》。

"飞扬跋扈"、平常眸子炯然又衣带风流的李白，当初和杜甫醉舞梁园，行歌泗水，裘马清狂。这些往事，无疑使杜甫想起来有无限的辛酸。"魂来枫林青，魂返关塞黑。……落月满屋梁，犹疑照颜色。"写出杜甫思念之苦。而"冠盖满京华，斯人独憔悴"，更不知是血是泪，是夫子自道还是说李白。李白在乾元元年（758）因永王李璘事长流夜郎，乾元二年（759）中途放还。李白诗所谓："去岁左迁夜郎道……今年敕放巫山阳。"杜甫说他"老吟秋月下，病起暮江滨"。两大诗人，异地各自飘零，想来读者也有些怃然吧！

其次便是郑虔，这个以"三绝"自负的天才，此时眼暗发白，青袍鸠杖,在那"山鬼独一脚,蝮蛇长如树"的台州,生死由人,悲辛狂顾,使杜甫无论如何不能忘怀。好在后来杜甫得到郑虔的消息,知道他在台州为农涧曲,卧病海云。不过在这"带甲满天地"的时代,儒素为人所疏,想来郑虔最终也不过是宝剑埋土,没有方法使这疏狂的老人再见天日了。

对于李白和郑虔的境遇,杜甫自然付与最深厚的同情。此外便是在政治舞台上还继续活动的朋友。

那时有敕目,记录官员的任命。杜甫便在敕目上发现两个朋友的名字:一个是薛璩,一个是毕曜。薛授司议郎,毕除监察御史。薛、毕在天宝时和杜甫一同过着贫困流荡的生活,乱后在新朝廷升迁了。遥听之下,自然高兴。不过在这忠臣愤激、烈士涕零的时代,杜甫想起自己的沉沦,大有"旅泊穷清渭,长吟望浊泾"的感慨。

同时又知道高适除彭州刺史,岑参除虢州长史。高、岑都是当时诗豪,和杜甫的交谊都很好。高适自从哥舒翰在潼关败溃后,便返回长安,后来很为肃宗所钦重。永王李璘反,高适除扬州大都督府长史、淮南节度使,和韦陟、来瑱率兵在安陆会集讨永王。事平后,遭李辅国谗毁,贬太子詹事,现在因为蜀乱,才出任彭州刺史。岑参自经杜甫等推荐为补阙后,转为起居舍人,现在除虢州长史。杜甫这时正害疟疾,对于高、岑外放,颇感欣慰。不过天各一方,什么时候才能天下宁静,聚首论文呢?

再有便是贾至和严武。这时贾贬为岳州司马,严贬为巴州刺史,真是"故人俱不利,谪宦两悠然"。贾、严和杜甫都是肃宗朝新贵，在还都之初，出入随肩，齐辔秉烛，仕途颇有发展。房琯倒后，前后出京。"贝锦无停织，朱丝有断弦"，可以想见当时环境的恶劣。杜甫早是多病淹泊，甘与时迁；不过贾、严还是志在腾骞，不甘静退。后来贾至入为散骑常侍，严武除剑南节度使。

"蛰龙三冬卧，老鹤万里心。"杜甫自己是"不嫁惜娉婷"，于是钦羡"黄冠归故乡"的贺知章。尤其对于嵩山张彪，奉母避乱隐居，深致景慕。张彪和杜甫早在历下相识，后又在关西结邻。张彪善草书，能诗，医术尤精，但是自甘贫寂，不求闻达。在这兵火满地的时代，杜甫想起张彪的闲静，不胜艳羡，但是良觌无因，也只好"回首望松筠"了。

说来说去，这些朋友虽然遭际各殊，但是都不在眼前。所幸晒药有妇，应门有儿，杜甫虽然也感到为"妻子累"，究竟少慰寂寥。然无衣无食，怎能居处？所以在十月底杜甫便离开秦州，向同谷县栗亭镇出发了。听说那地方有良田薯蓣，崖蜜冬笋，而且栗亭这名字更好。因为杜甫在秦州，实无办法的时候，常自负薪，采橡栗度日，故诗中便不禁脱口而出，说是"栗亭名更嘉"，至于"山水幽"，那是另外的因素了。

杜甫离开秦州，似乎很决绝，同时也很凄凉。半夜里驱车而去，星月磊落，云雾苍茫，"大哉乾坤内，吾道长悠悠"，清晨便到了赤谷川，从此便行入山。从秦州到同谷二百七十多里地，但却要经过铁堂峡、青阳峡等，在这种仲冬天气，路难衣单，寻烟傍水。山顶上堆着雪，深山里刮着尖厉的风。有时赶不上村墟，童稚号饥。落日仓皇，山石狞恶，真有些穷途末路的悲哀。"常恐死道路,永为高人嗤。"万事零落,夫复何言?但是想起盗贼未灭,独免荷殳,也似乎不应再有埋怨。只有三年多的飘蓬,未尝不"回首肝肺热"!

沿途经过盐官镇,看见那盐,官价是一斗三百,商贩却要一斛六千,不禁感叹官商的争利。到石龛,看见当地人五年来攀梯登山,为官家采箭竿,不禁感到渔阳祸乱的影响波及深山黎庶。尤其是走到龙门镇,在惨淡的黄昏中,看见那旗杆萧条,戍兵在西风中拿着钝涩的白刃,更觉得凄凉。

走过积草岭,爬过那泥泞的泥功山,杜甫总算是到达目的地了。

杜甫来同谷,无疑也是应人邀约,所谓"来书语绝妙,远客惊深眷"。不过,世上常有这样冒失的人,一时冲动,仗义慷慨,却鲜克有终。杜甫初来时,以为"邑有佳主人",后来却弄得非常狼狈,"白头乱发垂过耳",甚至"黄独无苗山雪盛,短衣数挽不掩胫"。那时杜甫手脚冻皴,中原有家归不得,弟、妹飘零在异方。中夜起坐,百感交集。"三年饥走荒山道""仰视皇天白日速",如果说生活有末路,这真是到了末路了。虽然杜甫只要求"食蕨不愿余",但是乞食生涯更禁不得冷落。长歌当哭,有谁读《同谷七歌》不坠泪呢!

同谷究竟不能住,杜甫一家便在十二月一日动身入川了。

这一年里,春天从东都回华州,秋天从华州去秦州,冬天又从秦州来同谷,现在又要从同谷去成都。"一岁四行役",真说得上墨无黔突，孔无暖席①了。

从栗亭首途，历当房村，接着便要爬木皮岭了。携带童稚，艰难登攀，虽然是在这祁寒天气里，也不禁汗流被体，大有暖意。登到岭上，虎豹吟啸，风水昏冥，群岫奔起，西崖特秀，大有天地悠悠的感觉。

到两当县过吴郁江上宅，杜甫想起往事，有些愧心。吴郁和杜甫在凤翔时同朝。吴郁是侍御史，杜甫是左拾遗。那时天子蒙尘，正在规复长安。两年对垒之际，有一些良民被诬为间谍。吴郁为职责所在，对所举劾，必定尽量剖析，不忍叫那些无辜良民横遭惨杀，因此失意权贵，贬斥长沙。杜甫心知吴郁冤枉，可是他当时也因为营救房琯，险些遭罪，所以对吴郁的贬斥，便闭口不敢再说话。这事早就过去了，不过今天走到吴郁的故乡，想起当时忝为诤臣，坐看狼狈，一方面对己，是"至死难塞责"；另一方面对吴，是"于公负明义"。愧悔仿佛两条蛇一般咬着他那凄凉的心，想起这些，真是"惆怅头更白"了！

杜甫入川，是从两当县沿嘉陵江两岸南下，到利州越桔柏渡入剑门关，然后经鹿头山到成都。关于两当县，《图经》说："东京西蜀，至此各三十程，故名两当。"

因为是沿着江走，所以有时过渡，有时爬山。入舟千忧，陟巘万盘。从高山直走到地底，才知道高栈连云的险绝。线般的阁道，

---

① 墨无黔突，孔无暖席：此处为用典，形容整日为世事奔波、忙碌。汉班固《答宾戏》："孔席不暖，墨突不黔。"孔子、墨子四处周游，每到一处，坐席没有坐暖，烟囱没有熏黑，又匆匆地到别处去了。

浮梁拄撑，霜浓石滑，走在上面，"目眩陨杂花，头风吹过雨"，"百年不敢料，一坠那得取"。而且"山行有常程"，有时为着赶路，不得不半夜抢渡。大江摇动，自己心里万分恐惧；可是篙师们歌笑从容，毫不在意。"蜀道多早花"，虽当冬令，水清木疏，自多幽趣；尤其是野人巢居，风俗淳朴。所以虽然还是"饥饱岂可逃"，却早"坦然心神舒"。这时唯一的遗憾，似乎只有"成都万事好，岂若归吾庐"了。

自发同谷起，经木皮岭、白沙渡、水会渡、飞仙阁、五盘、龙门阁、石柜阁、桔柏渡、剑门、鹿头山，而入成都府。"连山西南断，俯见千里豁"，坡去平来，心情自然为之一畅。

黄昏中，杜甫到达成都府。曾城华屋，箫管笙簧，"忽在天一方"，"但逢新人民"，走进这喧嚷名都，更感到中原渺茫了。

历史的温度

唐代的传奇小说

中唐时期,内容丰富的城市生活向文学提出了新的主题;六朝志怪小说和唐代民间说话(市人小说)为传奇小说提供了创作经验;古文运动的开展,为小说的写作提供了灵活而表现力较强的文体;唐代诗歌的繁荣也在语言、意境等方面,给了传奇小说以丰富的营养。因此,在贞元、元和间,传奇小说的写作繁盛起来。

这一时期传奇小说的代表作品有陈鸿的《长恨歌传》、元稹的《会真记》、李朝威的《柳毅传》、白行简的《李娃传》、蒋防的《霍小玉传》等,这些小说都以精炼、优美的语言,成功地塑造了各种性格的人物形象。

晚唐时期,传奇小说的创作依然很盛,出现了不少的传奇集,著名的有牛僧孺的《玄怪录》、李复言的《续玄怪录》、牛肃的《纪闻》、裴铏的《传奇》、皇甫枚的《三水小牍》等。有的今天虽然已经散佚,但还可以从《太平广记》中窥见其大概。这些传奇小说,多是文人猎奇记怪的作品。

——节选自翦伯赞《中国史纲要》

八 草堂的经营

营建草堂
诗歌唱酬
秋风破屋

在朋友们的帮助下,杜甫在成都西郭外盖了一座草堂。杜甫在草堂,大有陶渊明居南村的意味。可好景不长,草堂被一场秋天的狂风损毁,杜甫只得倚杖叹息。

杜甫初到成都,暂时住在草堂寺。那时成都尹是裴冕,彭州刺史是高适,巴州刺史是严武,故人不少,杜甫旅居颇不寂寞。高适寄来《赠杜二拾遗》:

传道招提客,诗书自讨论。
佛香时入院,僧饭屡过门。
听法还应难,寻经剩欲翻。
草玄今已毕,此外复何言。

杜甫《酬高使君相赠》云:

古寺僧牢落,空房客寓居。
故人供禄米,邻舍与园蔬。
双树容听法,三车肯载书。
草玄吾岂敢,赋或似相如。

空房牢落,衣食仰人,但是在多难的杜甫看来,已经是"我何苦哀伤"了。

上元元年(760)春天,在朋友们的帮助下,杜甫开始经营他的草堂。选定的地点在成都西郭,万里桥西,百花潭北,浣花溪畔。构制虽然不大,但是对赤手空拳的杜甫来说,那真是伟绩了。朋友们有的"忧我营茅栋,携钱过野桥",也有的竟不理会,"为嗔王录事,不寄草堂赀"。此外一草一木,全要募化:向萧八明府实要桃栽,向韦二明府续要绵竹,向何十一少府邕要桤木,向韦少府班要松树。只有一棵高大的楠树,那是原来长在地上的,草堂就在树下,所以杜甫自称是"独树老夫家"。不过这二百年的老楠,后来忽然为暴风雨所拔,"草堂自此无颜色",杜甫很为感伤。

"城中十万户,此地两三家",地方是相当幽寂的。除了些乡老村童,北邻是一个能诗爱酒的退职县令,南邻是头戴角巾收芋栗的朱山人和老寻醉乡的斛斯融。据杜甫说,朱山人是"多道气"的,斛斯融是所谓的"南邻爱酒伴",每逢杜家有客,一时无酒,常常"隔篱呼取"。"邻人有美酒"也常见于杜甫诗。斛斯融是一个颇有谐趣的人,杜甫有一首《闻斛斯六官未归》云:

故人南郡去,去索作碑钱。
本卖文为活,翻令室倒悬。
荆扉深蔓草,土锉冷疏烟。
老罢休无赖,归来省醉眠。

至于那位退职的县令，也是"时来访老疾，步屟到蓬蒿"。所以杜甫在草堂，大有陶渊明居南村的意味，桤林笼竹，蜻蜓燕子，江水萦绕，风景也极幽美，不禁有"微躯此外更何求"之感了。

"老妻画纸为棋局，稚子敲针作钓钩"，江村长夏，比起同谷穷冬来，自然不可同日而语了。不过故人禄米，却也不是水流不断的，有时"厚禄故人书断绝"，恒饥稚子，多忧老妻，再加上这欲填沟壑的狂夫，却也有些凄凉。甚至"痴儿不知父子礼，叫怒索饭啼门东"，那就越发叫人啼笑皆非了。

这时，东京和济、汝、郑、滑全被史思明占领，党项又不时出入于美原、同官之间。苍生未苏，胡羯多难。京洛远隔云山，渺不可望。干戈未定，弟、妹暌离，自己却衰病卧江村，"地卑荒野大，天远暮江迟"。满头白发，两眼热泪，自分是没有办法再和弟、妹见面了。"老魂招不得，归路恐长迷。"天地虽大，前途茫然！"百年已过半，秋至转饥寒。为问彭州牧，何时救急难。"只好向高适发出这告急文书，以求解燃眉之急。

第二年（761）春天，杜甫的生活似乎好些。美酒送日，裁诗遣兴。后来他又造了一只小艇，"昼引老妻乘小艇，晴看稚子浴清江"，茗饮蔗浆，水槛垂钓，相当安逸。

不过在这动乱的时代，四川也未见得安定。三月里，梓州刺史段子璋反了。段子璋当初从上皇在蜀有功，极骁勇。现在上皇因为李辅国的离间和肃宗隔绝，举凡和上皇接近的人，如高力士、王承恩、魏悦、陈玄礼以及如仙媛等，或流远州，或勒致仕。所以东川节度使李奂奏觅人替代段子璋，段子璋便举兵攻绵州，道过遂州，杀了刺史虢王李巨，又攻陷剑州。改绵州为龙安府，自称梁王，改元黄龙。李奂逃到成都来了。

这时成都尹已改为西川节度使崔光远，高适也由彭州刺蜀州，于是李、崔便联合起来反攻绵州，高适也从讨。崔部下有一名猛将，名叫花惊定，攻拔绵州，杀了段子璋。花恃功骄横，每与宴会，不守法度，僭用朝廷礼乐。杜甫写了两首名诗《戏作花卿歌》《赠花卿》以刺之。《戏作花卿歌》云："子璋髑髅血模糊，手提掷还崔大夫。李侯重有此节度，人道我卿绝世无。既称绝世无，天子何不唤取守京都。"

《赠花卿》讽刺更为显著，诗云："锦城丝管日纷纷，半入江风半入云。此曲只应天上有，人间能得几回闻。"

这花惊定虽然是"用如快鹘风火生"，却是残暴僭妄的武夫，打胜了以后，在东蜀大掠。凡是妇女有金银钏的，多断腕取之。蜀人受的毒害不浅。这时李奂已被免职，代以严武。崔光远也因为不能戢军，罢落，严武以东川节度使，更除西川，权摄东川。于是东、西川便都以严武为长官。这是上元二年（761）十二月的事。

严武到成都以后，有诗《寄题杜拾遗锦江野亭》云：

> 漫向江头把钓竿，懒眠沙草爱风湍。
> 莫倚善题鹦鹉赋，何须不著鵔鸃冠。
> 腹中书籍幽时晒，肘后医方静处看。
> 兴发会能驰骏马，应须直到使君滩。

杜甫入川两年，严武都在东川。现在故人重聚，而严武节制两川，未尝不使落寞的杜甫感到兴奋。不久，严武果然到草堂访问杜甫，所谓"元戎小队出郊坰"者也。之后严武常到草堂，甚至带着酒馔，竹里行厨，花间立马，畅饮交欢。杜甫也不断进城赴严武宴。两人诗歌唱酬也颇多。

节制两川又兼府尹，这样的人物，却常到荒江野亭访杜甫。杜甫自然安之若素，可是寻常田父感到杜甫的伟大了。杜甫有一首《遭田父泥饮美严中丞》的诗，写得颇有风趣。在春社临近时，杜甫偶然出来闲游。"步屧随春风，村村自花柳"，忽然一个田舍翁硬邀着杜甫到他家吃春酒。酒酣时，田翁便夸起这新府尹来了。田翁回头指着自己的大儿子，说他便是府里的飞骑弓弩手。长番当值，前日却放营农，回家来帮忙做农务，这样体贴下情的长官，真是"畜眼未见有"。那么百姓便只有"差科死则已，誓不举家走"了。说着说着田翁便又问："今年大作社，拾遗能住否？"又叫媳妇打开大瓶，向杜甫劝酒。语多杂乱，可是"说尹终在口"，从卯到酉，简直无法脱身。"高声索果栗，欲起时被肘"，直到月亮出来，还是嗔问升斗，遮留不放。不过杜甫和野老们周旋惯了，却也"未觉村野丑"。

可是羁旅荒居，杜甫也时常有些烦恼。像前一年秋天，大风一下子把草堂的盖顶茅草刮跑了，有的挂在树梢，有的抛落塘坳。杜甫看着正没有办法，南村的群童便出来抢草，抱着草跑进竹林里去，任你唇焦口燥，只是叫不回来。又有一回，不知谁家的一位白面郎，骑着马来了，径坐床上。他连姓名也不说，指着酒瓶便要酒喝。遇到这些事，杜甫只好倚杖叹息。"恰似春风相欺得，夜来吹折数枝花"，只好当作"飞虫打著人"看罢了。

宝应元年（762）四月，上皇、肃宗相继崩殂，代宗即位。六月，征严武入朝。严武赠别杜甫的诗说："只是书应寄，无忘酒共持。但令心事在，未肯鬓毛衰。"杜甫对严武的出川，更觉依恋，将严武直送到绵州，在江楼彻夜饮宴，还未忍分手，又将其送到三十里外的奉济驿。"江村独归处，寂寞养残生。"杜甫在蜀的生活此后真是有些黯然。

严武去后，高适代为西川节度使、成都尹，章彝为东川留后。可是杜甫却因为徐知道反，没有回成都，由绵州径赴梓州。

在成都这两年多的光阴，杜甫唯一的工作，便是在寂寞中修整自己的草堂，所谓"经营上元始，断手宝应年"。不过干戈未息，安得酣歌？黄鹄摩天，也不屑就此蜗居。上元元年（760）冬，杜甫曾到新津，那时王维的好友、诗人裴迪也在新津，颇相和寄。也曾游过新津的名胜——四安寺、修觉寺。上元二年（761），又曾赴青城县游丈人山。此外杜甫便多半在草堂。至于成都的古迹，除了石笋、石犀、石镜这些富有神话色彩的遗物外，便是相如琴台和丞相祠堂了。对司马相如和卓文君的罗曼史，杜甫只感觉"酒肆人间世，琴台日暮云"；对诸葛亮却感物思人，说出"出师未捷身先死，长使英雄泪满襟"那样沉挚悲壮的痛心言语来。

对于"世人皆欲杀"的李白，杜甫很希望他能归来入川，所谓"匡山读书处，头白好归来"。但是佯狂漂泊的李白当时正徘徊于历阳、宣城之间，宝应元年（762），便长逝人间。

历史的温度

中国古代的年号

汉武帝之前,历代无年号,只有"某王元年、二年""某公元年、二年"的记载。时间久了,许多事情就不容易搞清楚。有了年号,就便于记忆了。汉武帝建元元年,始用正式年号。这虽与方士之说有关,实是历史上的需要。汉武帝以六年或四年换一次年号,六年换一次的换了六次,共三十六年,四年换一次的换了四次,共十六年。最后的年号叫作"后元",共两年(汉武帝死于后元二年)。

唐代的高宗和武则天改换的年号最多。高宗在位三十四年,共有年号十四个;武则天在位二十一年,共有年号十七个(一说十八个,神龙本为则天年号,中宗复位,沿用未改)。

明太祖制令子孙,每个皇帝只能用一个年号。清代沿用其制,一直到清朝末年,都是一个皇帝一个年号。只有明英宗,因为"土木之变",出征被虏,回朝后另换了一个年号,所以他用了两个年号。

——节选自柴德赓《史学丛考》

九 剑外官人冷

- 衣食依人
- 浪游东川
- 吐蕃入侵

　　成都虽然无限好,但是衣食依人,谈何容易?杜甫送好友严武到绵阳,之后便在东川浪游起来。764年,吐蕃入侵边境,杜甫正打算离开四川,听闻严武要回成都,便又急忙携家返蜀。

成都虽然无限好，但是衣食依人，谈何容易？"强将笑语供主人"，这话里的辛酸，也就够教人难堪的了。所以每逢有人北上或东下，没有一次不牵动杜甫的乡愁。不过北路因为有党项不时骚扰，杜甫这时理想的行程，便是沿江东下，由襄阳向洛阳。哪怕洛阳一时不能归去，在襄阳小住也是好的，因为襄阳是杜甫的本籍啊！但是北上路阻，东下又无资斧，"安得如鸟有羽翅，托身白云还故乡"，诗人这时好烦恼啊！

所以送严武到绵阳后，杜甫便不回成都，在东川浪游起来。固然徐知道的反乱是一个原因，但是徐知道不久就被部下李忠厚所杀，而杜甫却直到广德二年（764）春末，严武再镇蜀才返成都。几乎两年的光景，杜甫以梓州作中心，寄食在东川各州。事实上到后来借着东川留后章彝和各州刺史的帮助，杜甫出川的准备已经完成，要不是严武再回来，杜甫定然在广德二年（764）就出川东下不再回他的草堂了。

绵州，杜甫似乎住了些时候，在此地送别严武后，又曾送李使君赴梓州，送韦讽摄阆州录事。绵州刺史姓杜，曾设宴招待杜甫，常供鱼脍。杜甫多次看到江上打鱼的场景,"截江一拥数百鳞",小鱼脱漏,大鱼伤损,"屈强泥沙有时立"。咫尺波涛,脍飞金盘,在这麟凤潜迹的年头,杜甫多少有些物伤其类的感觉,所以"既饱欢娱亦萧瑟"。

杜甫到梓州,已经是秋天了。那时严武还在巴山道中,因路阻未能还朝。杜甫有《九日奉寄严大夫》一诗。严武答诗云:

> 卧向巴山落月时,两乡千里梦相思。
> 可但步兵偏爱酒,也知光禄最能诗。
> 江头赤叶枫愁客,篱外黄花菊对谁。
> 跂马望君非一度,冷猿秋雁不胜悲。

杜甫和严武的交谊,在这里可以看出。

凉风万里,群盗纵横,客馆长夜,这时不只"弟妹悲歌里",就是患难与共的老妻也远在成都,只好传书达意。真是"多少残生事,飘零任转蓬"。不过在梓州却有两件快事:一件是遇到故人汉中王李瑀,一件是结识一位新交——严二别驾。

李瑀是让皇帝李宪的儿子、汝阳王李琎的弟弟。自从华州分别,到现在已经五年了。在西京沦陷的时候,唐肃宗因为军事紧急,下诏收群臣马助战,李瑀不赞成,肃宗怒了,贬其为蓬州刺史。这时,李瑀正在梓州,断酒不饮。杜甫不禁感慨:"策杖时能出,王门异昔游。"

严二别驾,失名,是梓州豪俊,一个俊伟的人物。"把臂开樽饮我酒，酒酣击剑蛟龙吼"，他和杜甫一见如故，他的豪爽使多忧的杜甫感动。烧蜡豪饮，促膝倾心，万事俱忘，"久客多忧今愈疾"，与严二别驾虽是萍水相逢，杜甫却意豁神朗。

冬，杜甫又从梓州去射洪县。射洪是陈子昂的故乡。子昂家世豪富，从晋朝以来，就是射洪的望族。陈子昂发愤读书，有《感遇诗三十八首》，当时被认为是天下文宗。武则天时拜麟台正字，再转右拾遗。后来他父亲在射洪被县令段简所辱，子昂闻之，遂请求罢官归侍。不久，父亲去世，陈子昂居丧期间被段简收系狱中，忧愤而卒。杜甫对这件事是颇为愤慨的，在绵州送李使君来梓州时，诗云：

> 遇害陈公殒，于今蜀道怜。
> 君行射洪县，为我一潸然。

所以杜甫一到射洪，金华山上的陈子昂学堂遗迹、东武山下的陈子昂故宅，他都往凭吊。"有才继骚雅，哲匠不比肩。"对这一位"哲匠"致最高的同情。尤其是当时陈的侪辈，如赵彦昭、郭元振，都秉辅佐权；而陈氏雄才，反沦落抱恨而终，更是触起杜甫的激愤。何况陈子昂也是终于拾遗，所以杜甫吊读书堂说："悲风为我起，激烈伤雄才。"

苍茫风尘，蹭蹬人老。"计拙无衣食，途穷仗友生"，自从成都乱后，茅斋秋草，早置之度外，东下月峡，却时常萦系心怀。但是"万里须十金"，使杜甫不得不为此奔波。所以在射洪没待多

九　剑外官人冷

久，杜甫便又束装就道，在一个冬天的雾晨向通泉出发。好在那年冬天并不冷，虽然是十一月天，却还有蚊蚋，一路上汀洲疏散，驿楼衰柳，此时的杜甫有些像去国的王粲，又有些像穷途的阮籍。

通泉有郭代公故宅。郭代公是郭元振，魏州人，倜傥廓落，和薛稷、赵彦昭同业。郭元振十八岁擢进士第，请外官，于是便授梓州通泉尉。他在通泉的时候，任侠使气，落拓不拘，常铸钱，掠强人财救济四方，海内同声合气。武则天听说，便召引见，与语奇之，索所为文章，上《宝剑篇》。《宝剑篇》是郭元振的奇作，结尾云："虽复尘埋无所用，犹能夜夜气冲天。"武则天大加赞美，遍赐诸学士。后来相睿宗，以功封代国公。通泉故宅，自然是他做通泉尉时住的地方。杜甫对于他未遇时的脱略放意，得位以后的直气喷薄，深致景慕。"高咏宝剑篇，神交付冥漠"，虽然郭代公故宅萧索，但杜甫不禁"顾步涕横落"。大概杜甫对于郭元振型的人物，都有好感。李白、房琯、贺知章以及高适、严武都有些豪气。杜甫自己虽然因为穷困豪不起来，但是也常自称为狂夫。看他对于梓州严二别驾的倾心，不难揣知。

杜甫在通泉住得也不久，他不时陪王侍御宴东山，或陪姚公携酒泛江。美人彩舟，横笛妙舞，直到风起浪涌，星光破碎，才回船罢酒，上马而归。

这年的十二月，杜甫依然回到梓州。他的家室也搬到梓州了。不过他的妻子怎样到梓州的却不好考查。这时杜甫有一个弟弟杜占在身边，或是派杜占迎接来的也未可知。不过杜占几时到四川的，也无从探求，只是在梓州诗里有《舍弟占归草堂检校聊示此诗》这样的诗罢了。

广德元年（763）春天，杜甫听见了一个好消息：官军已经收复了洛阳和郑、汴等州。这本来是宝应元年（762）十月的事，但是在四川的杜甫似乎到广德元年（763）春天才知道。这是一件大事，不只洛阳收复，史朝义的大将纷纷反正，薛嵩以相、卫等州降，张忠志以恒、赵等州降，后来田承嗣以莫州降，李怀仙以幽州降。所以杜甫听到这个好消息后写了一首诗：

> 剑外忽传收蓟北，初闻涕泪满衣裳。
> 却看妻子愁何在，漫卷诗书喜欲狂。
> 白日放歌须纵酒，青春作伴好还乡。
> 即从巴峡穿巫峡，便下襄阳向洛阳。

杜甫的多年流浪以及迍邅①失时，可以说很大程度上是受安史之乱的影响。现在大乱平复，无怪老杜喜极欲狂了。但是好景不长，七月里吐蕃入寇，十月吐蕃便迫长安，代宗出幸陕州。到十二月吐蕃的烽火又直烧到四川，侵陷松、维、保三州，成都也为之震恐。

所以杜甫很想远游，"厌蜀交游冷，思吴胜事繁"。想起年轻时候的游吴越，和这晚年的羁蜀比较起来，不胜今昔。"应须理舟楫，长啸下荆门。"杜甫在四川，却似乎心系荆楚。至于长

---

① 迍邅（zhūn zhān）：形容人困顿不得志。

安,杜甫虽然也很驰念,但并不怎样热切。因为荆襄一带,可以北上洛阳,也可以东去吴会,自然也可以南下湘粤。"迷方著处家",杜甫似乎流浪惯了,也无所谓什么家了。无论怎样,广德元年(763)春天,杜甫精神很好,也很开朗。他曾游牛头山和兜率寺,这都是梓州名胜,王勃所谓:

> 尔其林泉纠合之势,山川表里之制,抽紫岩而四绝,叠丹峰而万变。连溪拒壑,所以控引太虚;蒸云驾雨,所以荡洩元气。

后来苏轼诗也说:"牛头与兜率,云木蔚堆垅。"

此外惠义寺更是杜甫常去的地方,他尝和李梓州、王阆州、苏遂州、李果州四刺史同游,又曾在那里送别王少尹和辛员外。杜甫也曾陪着李梓州等泛江,满船载着女乐,翠眉云鬓,歌扇舞衣。杜甫对女乐,素常不甚关心,但是在梓州却有戏恼通泉郝使君,"愿携王赵两红颜","请公一来开我愁"。

"二月频送客",这一年春天杜甫忙着酬酢,送崔都水翁下峡,送韦班归京,送路、何两侍御入朝,送魏十八还京并托魏向岑参、范季明致候,送王少尹赴成都;后来又送辛员外,一直送到绵州,"并马今朝未拟回","直到绵州始分首"。

杜甫又从绵州去汉州。房琯被贬后于上元元年(760)曾为汉州刺史,最近才应召赴京。房琯在汉州曾凿西湖,又名"房公湖",杜诗有"旧相恩追后,春池赏不稀"之句。杜甫和杜绵州、王汉州尝泛舟于该湖,又看见房琯当时养的一群池鹅。杜和房的关系颇密切,所以杜甫闷时常来池头闲步。他甚至对那些鹅也独具好感,"鹅儿黄似酒,对酒爱新鹅"。

杜甫除绵、汉外似乎还去过盐亭,夏天又回到梓州。

守梓州的已经换成章彝,杜甫陪宴随游,所谓"屡食将军第"。这时吐蕃已经继党项之后,大举入寇,入大震关,陷鄯、廓、河、兰、洮、岷、秦、成、渭等州,河西陇右,尽非唐有。为防止吐蕃的流窜,焚毁大散关。"朝廷烧栈北,鼓角漏天东。"雪岭绳桥之间,也早骚屑不安。不过吐蕃曾尚公主,"西戎甥舅礼,未敢背恩私",也许靠着这一点儿裙带关系,四川可免被兵燹。不过这种慰情胜无的想法,杜甫也知道完全靠不住。

九月间,杜甫薄游阆州。

房琯以刑部尚书被征入朝,但在赴京途中患病,八月旅卒于阆州僧舍,暂时权瘗在那里。杜甫到阆州,房琯才死不久。九月二十二日,杜甫有《祭故相国清河房公文》。对房琯的死,他深致哀痛,比之为"天柱既折""地维则绝"。房琯死后,极为萧条,"身瘗万里,家无一毫",而州府救丧,一二而已。所以杜甫大有"培塿满地,昆仑无群"之感。永泰元年(765),房公启殡归葬,那时杜甫在云安,有承闻归葬东都之作。这些都可以看出杜甫对于房琯是始终系念的。

十月,吐蕃寇泾州,过邠州,入奉天、武功,从司竹园渡过渭河,循山而东,寇盩厔,度便桥。长安危急了,唐代宗便出幸陕州。同时川边也告警,松州有吐蕃。西川节度使这时是高适,杜有

九　剑外官人冷

诗云：

> 才名旧楚将，妙略拥兵机。
> 王垒虽传檄，松州会解围。

高适曾参与平永王李璘之乱，所以杜甫对高颇有期望。不过这时栈阁已烧毁，"汉北豺狼满，巴西道路难"，蜀中又无大将，只靠着西川高适和东川章彝，蜀中征发甚多；"十室几人在？千山空自多"，"路衢唯见哭，城市不闻歌"，在这种情况之下，漂泊的杜甫自然有"吾道竟如何"的惆怅。偶尔遇到中使，因为这时剑南通长安，只靠阆中道。中使说起长安事，据云："盗贼还奔突，乘舆恐未回。"无国无家的滋味，杜甫再度尝受。直到腊月，杜甫还在阆州，可是"西京安稳未，不见一人来"。而松、维、保三州相继陷落，高适兵不能救。不但如此，梓州又有信来，报告女病妻忧，于是杜甫便不得不在云迷雨暗的穷冬，由阆返梓。

"乱离知又甚，消息苦难真"，当时情况从这两句诗里不难揣知。回到梓州，章彝正举行大规模的冬狩，"东西南北百里间，仿佛蹴踏寒山空"，禽兽死了十之七八，杜甫不禁讽刺道：

> 喜君士卒甚整肃，为我回辔擒西戎。
> 草中狐兔尽何益，天子不在咸阳宫。

这时杜甫出川之意已决，一些朋友们"相逢半新故，取别随薄厚"，各有馈贶。章彝也开宴欢饯。不过三峡波涛虽不足畏，可是迢迢吴楚，也不是坦途。所以杜甫的打算似乎是过了年，趁春天动身，"悲歌鬓发白，远赴湘吴春"，而在川一切未了私事，也要时间略为检校。

广德二年（764）正月底，便合家去阆州，显见老杜的打算是想沿嘉陵江入江出峡。谁知到阆州听说长安收复，代宗还朝了。这本是前一年十二月的事情，可是杜甫才知道。在这种情况下，杜甫想起代宗奔陕时的许多传闻：什么禁卫军弃戈抢粮啊，胡虏登殿王公投河啊，"夺马悲公主，登车泣贵嫔"啊，那种仓皇的情形，真不下于长安的第一次沦陷。现在痛定思痛，杜甫除《收京》一诗外，又有《伤春五首》，对于代宗的任用非人，贤德隐沦，深致其忠悃之诚。

正在这个时候，召补京兆功曹参军，不过杜甫已经决定东下，所以辞不奉诏。"功曹非复汉萧何"？"独把鱼竿终远去"。章彝同时罢梓州刺史、东川留后，将赴朝廷，杜甫有诗奉寄云："朝觐从容问幽仄，勿云江汉有垂纶。"杜甫绝意长安的情形，不难想见。又寄诗告别李剑州、马巴州，"扁舟系缆沙边久"。正是整装待发的时候，严武镇蜀的消息又来了，于是出川的打算便不得不因"殊方又喜故人来"，略为迟延。

这时不只章彝罢东川留后，高适也因为失陷松、维、保三州免西川节度使，用为刑部侍郎，转散骑常侍。东、西川合为剑南一道，以黄门侍郎严武充剑南节度使兼成都尹。杜甫在四川虽然蒙各州刺史优待，究竟有"巴蜀愁谁语"之感。严武的再来，仿佛给他一个"开襟抱"的机会。"身老时危思会面"，杜甫就从阆州带领着妻子回成都等严武去了。"不成向南国，复作游西川"，在春天，诗人复归他的浣花草堂了。

历史的温度

陈子昂

陈子昂（659—700），字伯玉，梓州射洪（今属四川）人。因曾任右拾遗，后世称"陈拾遗"。陈子昂出生于富贵之家，少年时慷慨任侠，为人有豪气。684年中进士，因为上书论政而得到武则天的重视，授麟台正字。

陈子昂进一步发展了"初唐四杰"所追求的刚健的诗风，彻底摆脱了齐梁诗歌中的绮靡纤弱习气，对诗人张九龄、白居易、李白、杜甫等产生了深远影响。

陈子昂在蓟北楼（即幽州台）写下了震烁千古的《登幽州台歌》：

　　前不见古人，后不见来者。
　　念天地之悠悠，独怆然而涕下！

十 返成都

- 回归草堂
- 幕僚生涯
- 离蜀东行

　　五十三岁的杜甫在他的成都草堂开始了幕僚生涯。不久，高适、严武等好友相继去世，令杜甫颇为伤心。情知四川必乱，杜甫离别草堂，一路东行。

杜甫去吴楚,虽然决定了,其实还在犹豫;返成都也是一样的。不过"回首风尘甘息机",锦里既有贤主人,也就无妨归来凭几。世路多梗,生命有涯,一切都不能断定,只好"乘兴即为家"。飘零人的苦楚,在他的诗里充分流露出来。

从宝应元年(762)七月离开草堂,到广德二年(764)春末归来,将近两年。"开门野鼠走,散帙壁鱼干","旧犬喜我归,低徊入衣裾"。邻里沽酒相贺,大官遣骑照拂。念念不忘的四棵小松,离开的时候不过三尺,现在已经有人一般高了。五株桃树,花期已过;竹子还是疏薄,更待补栽。水槛倾攲,草堂的茅盖也有些低垂。故物相感,不禁怃然!

这时高适已经离蜀,不得相见,有《奉寄高常侍》一诗,"天涯春色催迟暮,别泪遥添锦水波"。高适比杜甫年长些,复令渺茫,对故人的远别,杜甫也感到凄凉。

草堂旧邻,朱山人还在,斛斯融已没。成都城经过徐知道的乱事,李忠厚等借名诛逆,残杀良民很多,"谈笑行杀戮,溅血满长衢"。吐蕃侵入,蜀人供给军饷,也有竭泽而渔的苦痛。十年避乱,迄今仍是兵戈满天地,杜甫对于"混一车书"的希望,终于是寄附在虚幻中,残生老翁,只好"永作殊方客"了。

堂西补上竹,药圃种上药,草堂稍事修葺。洗杓拭盘,倾壶小饮。于是江碧鸟白,山青花燃,"门泊东吴万里船",归期虽然渺茫,今春总算又草草过去了。

六月,严武表荐杜甫为节度参谋、检校工部员外郎,赐绯鱼袋。从此杜甫便入严武幕中,由好友一变而为属僚,这对杜甫显然是无可奈何的事情。

严武决定要收复失陷的松、维、保三州,所以积极整饬部队。杜甫虽说是参谋,其实是儒生,除了看见那些士卒的旌旗"虹霓就掌握,舒卷随人轻"外,只是感觉巴蜀较有保障,"吾徒且加餐,休适蛮与荆"而已。但是想起从前盛世的时候,人口繁庶,仓廪充足,百余年的太平日子,到现在一绢万钱,田土流血,真是"伤心不忍问耆旧"。并且从肃宗以来,朝政便不怎么清明,肃宗信任那李辅国和张良娣,甚至于"张后不乐上为忙",虽然收复两京,终究不能根除幽燕的祸乱。西边复征调不已,门户完全大开,"致使岐雍防西羌",闹到后来西京复陷,代宗蒙尘。而西蜀也失陷三州。目前长安早已收复,西蜀也有人镇守,杜甫很希望"北极朝廷终不改,西山寇盗莫相侵","周宣中兴望我皇"。自己虽然复蒙禄秩,但是年老衰疾,除了洒泪热望以外,也只有聊尽鲁钝了。不过为人作幕,亦自不易。杜甫虽说和严武是好友,礼宽心适,可是"暮齿借前筹","那成长者谋"。穷途移栖,甚觉无味。只希望有一天"主将归调鼎",就可以还其自由,归访旧丘。不过目前却隔于情面，无论如何不好立刻摆脱。

九月，剑南节度使严武破吐蕃七万众，拿下了当狗城，十月又拿下了盐川城。严武有《军城早秋》一诗，杜甫有《奉和严大夫军城早秋》诗云："已收滴博云间戍，欲夺蓬婆雪外城。"这一役，严武用崔旰为汉州刺史，将兵击吐蕃，总算稍挫吐蕃，使巴蜀得以安宁。

也是这个秋天，杜甫曾乞假还草堂。《到村》一诗说"暂酬知己分，还入故林栖"，对于朱绂颇感惭愧，老去参戎幕，反而不如飞鸟得以自在山林。所以奉呈严公诗便直用"龟触网""鸟窥笼"作比，说明出仕只不过是"束缚酬知己，蹉跎效小忠"而已，只希望"会希全物色，时放倚梧桐"。因为杜甫在严幕，也不过是曳裾王门，闲暇的时候陪着严武在摩诃池泛舟，或是赏松玩竹，饮酒作诗而已。

杜甫宦情冷落，倒不是清高，事实上是当时的官做不得：一来因为天下混乱，守令贵武夫，贱儒术；二来因为长安米贵，斗米千钱，寻常官吏，俸禄微薄，不足糊口。同时在那"人少豺虎多"的年代，军需困难，"庶官务割剥，不暇忧反侧"，自己既不能"救疮痍""去蟊贼"，却也不肯豪夺诛求。华州的弃官逃亡，京兆功曹的辞而不就，都是为此。至于严幕参谋，有名无实，尸位素餐，杜甫虽穷，却也觉得无聊。

这一年有两个不好的消息，便是苏源明和郑虔的逝世。苏、郑都是杜甫的莫逆之交，也是杜甫的前辈。"童稚思诸子"，便说明杜甫在年轻的时候，便知苏、郑的才名。现在郑虔因为附逆的关系，贬台州，死在贬所。苏源明先为司业，后为秘书少监，卒于长安。杜甫对郑虔的死，说是"得罪台州去，时危弃硕儒"。对苏源明的死，说是"移官蓬阁后，谷贵没潜夫"。总起来是"衔冤有是夫"。一代才人，饥困而死，"飘零迷哭处，天地日榛芜"。杜甫得知这两个消息之后，更感到身衰友故，人世荒凉了。

所以过了年，永泰元年（765）正月三日，杜甫便辞却幕府，返归溪上草堂了。有诗《正月三日归溪上有作简院内诸公》奉寄严武。

草堂建造于上元元年（760），到现在已有五年多。堂前的竹子，阴森高大，遮碍视野，所以大加芟除。同时莠草（俗名蝎子草）滋蔓，更仿佛芒刺在眼。杜甫便身先童稚，以"疾恶信如仇"的精神，直弄到黄昏，藩篱阔展才，恣意向江天。"农务村村急"，杜甫打算从此躬耕自给，安心做处士了。

不过，"数有关中乱，何曾剑外清"，天边老人归未得，有时也不禁"日暮东临大江哭"。又加上鱼朝恩当权，小人同调，"名利苟可取，杀身傍权要"，高马捶面，长鱼损鳞，还说什么正义是非呢！

而这年更使杜甫伤心的，便是正月里高适在长安逝世，四月里严武又死了。故人捉对儿长逝，而严武的死对杜甫影响更大。严武在四川虽厚赋敛，穷奢侈，但在川日久，吐蕃畏其声威，所以不敢入境。严武死了以后，行军司马杜济知军府事，联合都知兵马使郭英干、都虞候郭嘉琳，共请郭英义为节度使。这时崔旰为西山都知兵马使，严武曾因他击破吐蕃，用七宝辇迎入成都，可见当时严武对崔旰宠任得很。现在崔旰在西山掌握兵权，和部下共请大将王崇俊为节度使。结果朝廷却任用了郭英义。所以到十月间，崔旰杀郭英义，邛州牙将柏茂琳、泸州牙将杨子琳、剑州牙将李昌夔，又各举兵讨崔旰，蜀中大乱。

杜甫在严武幕中，对内情很熟悉。尤其是严武幕中的新贵，时常欺侮杜甫老暮。杜诗曾说："晚将末契托年少，当面输心背面笑。寄谢悠悠世上儿，不争好恶莫相疑。"又说："老翁慎莫怪少年，葛亮《贵和》书有篇。丈夫垂名动万年，记忆细故非高贤。"这肯定是有所指的。所以严武未卒，杜甫就动身离蜀。也是情知四川必乱，自己又和新贵不和，宁愿江湖漂泊，不做釜底游鱼。"世事已黄发，残生随白鸥"，杜甫趁着新雨水涨，便放船东下。那时蜀人入吴，都从合江亭登船，亭西就是万里桥，所以杜诗有"门泊东吴万里船"，是写实。他的路线是从成都沿岷江入长江，经嘉、戎、渝、忠诸州出峡。前后留居近六年的草堂，如今永别了。

杜甫一路东行。在嘉州，有他的四兄做主人。四兄不知叫什么名字，大概也是杜甫的从兄弟，只比他大一岁，从前也在长安住。那时杜甫正热心功名，可是这位四兄却早不袜不巾，富贵等浮云了。现在他避地嘉州，还是旧风度，"幅巾鞶带不挂身，头脂足垢何曾洗"。自己奔走风尘，对此质朴的四兄，杜甫不禁觉得有些汗颜。

在戎州，有杨使君做主人，重碧春酒，轻红荔枝，"座从歌妓密，乐任主人为"。可是衰年漂泊，在这六月的东楼上，虽然声光旖旎，却大有楼高欲愁、横笛休吹之感。

到渝州，杜甫等严六侍御不到，便直下忠州。

忠州刺史姓杜，是杜甫的一个同族侄儿，所以杜甫在这里小住。不过忠州是个小地方，才管五县，户止六千七百，"小市常争米，孤城早闭门"。当时杜甫住在城外龙兴寺，野阔星垂，江流月涌,常愁虎狼。

听说云安有名酒叫"曲米春",于是杜甫便收帆下滩,直抵云安。那时已经是秋天了,云安也是一个小县,江市戎暗,山云淰寒,相当荒凉。云安县令姓严,杜甫就暂住在他的水阁上。此外还有郑贲弟兄和常徵君,也都是杜甫在云安的朋友。

因为奔波,这时杜甫的身体不太好,此后水路又愈发艰难,所以他便在云安住下了。"儿扶犹杖策,卧病一秋强。"整个秋天,便草草过去。到冬天,肺气脚疾,依然缠绵。直到来年(766)春天,还是不断吃药。

这时他对成都草堂的水竹甚感怀念。可是成都已乱,郭英乂被杀。"蜀麻久不来,吴盐拥荆门",吴蜀两地的商货,也因蜀乱,扞格不通。而云安山城,烟碧雾黄,溪女船郎,令人感觉索然无味。不过在这期间的诗里,一则说"归朝日簪笏,筋力定如何",再则说"肺病几时朝日边",似乎很想还阙。不过"心虽在朝谒,力与愿矛盾。抱病排金门,衰容岂为敏",对于自己的身体,杜甫没有把握了,虽然他当年不过五十五岁。

也是这个春天,他的老友岑参由库部正郎出为嘉州刺史。虽然有江水互相衔接,可是依然不能相见。"泊船秋夜经春草",只好"赠子云安双鲤鱼",聊表十年遐思而已。

大历元年(766)春末,杜甫便离开云安去夔州了。有《移居夔州郭》诗云:"伏枕云安县,迁居白帝城。春知催柳别,江与放船清。农事闻人说,山光见鸟情。禹功饶断石,且就土微平。"显然因为夔州土地稍平阔,有趁春在夔躬耕之意。

历史的温度

《唐律》

《唐律》的主要内容是保护专制主义的封建统治,维护封建伦理、道德和秩序,因此,把谋反、谋大逆、谋叛、恶逆、不道、大不敬、不孝、不睦、不义、内乱定为十恶,"特标篇首"。罪入十恶,刑等虽有不同,但大多不能减、赎,有的且为常赦所不原。

....

《唐律》确认、维护封建社会的阶级制度和等级制度,规定了贵族、官僚、良人、部曲、奴婢这样一个封建等级阶梯。贵族、官僚享有种种特权,犯了罪可以减、赎、官当。平常人侵犯他们要加等处罪。主人对于部曲有随意殴打的权力;部曲有"愆犯",主人殴之致死也不算犯罪。即如蓄谋杀死部曲,也只处一年半的徒刑,和打落平常人两颗牙齿的罪相等。奴婢的地位又低于部曲,"律比畜产",主人只要报请官府,就可以杀死他们。

——节选自汪篯《汪篯汉唐史论稿》

十二 夔州的「丰收」

气候恶劣
勤奋工作
写诗高产

  夔州地势险奇，气候反常，不是久旱就是久雨。虽然事务非常繁重，但杜甫与百姓的相处颇为融洽。在此期间，杜甫写诗异常高产，这些诗进一步奠定了杜甫在诗坛上的地位。

夔州在古代是鱼腹国。公孙述在成都称帝的时候，北缘马岭、赤甲，东傍瀼溪，西南临大江，筑白帝城。形势险奇。刘备败于猇亭，后来便是死在这里。隋杨素以越公领大总管，又张大之。古迹有越公堂、武侯庙、八阵图等。城东十余里，有白盐山，当为夔州主要山峰。

"众水会涪万，瞿塘争一门"，大江澎湃，扼楚蜀咽喉。滟滪堆有时如象，有时如马，是千古以来的险滩。杜甫到这里，一来旧疾未愈，一来行路艰难，所以说"行止忆垂堂"。虽然老马望云，南雁欲北，但是"形骸今若是"，也只好"进退委行色"了。

在老杜看来，夔州教育落后，小孩子念了《论语》，便是最高学问了。弄船更是夔州人的特长，有钱的驾大舸，贫穷的便弄艓子，虽然有瞿塘、虎须诸险，可是欹帆侧柂，真像盛弘之所说的"朝发白帝，暮宿江陵，凡一千二百余里，虽飞云迅鸟，不能过也"，以前只以为这是夸张，"顷来目击信有征"。至于本地女子，因为遭时丧乱，竟有四五十岁嫁不出去的。所以重男轻女，多半是"男当门户女出入"，双鬟垂颈，野花银钗，上山打柴，集市卖钱，自然形容憔悴，面杂啼痕了。想起附近有屈原宅、昭君村，为什么此地却士无俊才女粗丑呢？

从前在华州，那里有华岳、黄河，和这里地势差不多，"巫峡忽如瞻华岳，蜀江犹似见黄河"，只是形胜有余，风土各殊。更奇怪的是夔州没有井，"月峡瞿塘云作顶，乱石峥嵘俗无井"，当地人用竹子接连成水管，从山上引泉下来。云安也没有井，必须买水喝，此地虽可用竹引水，但是"人生留滞生理难，斗水何直百忧宽"。

那年天气也不正常，整个夏天没有雨，"闭目逾十旬，大江不止渴"。当地人击鼓鞭石一概无效，后来实行土法，焚山烧龙，大火在原始林中焚烧，要经月累旬才止。白天焰彻山林，入夜光弥洲渚，烧得长蛇腥臭，猛虎声吼。据说这样烧，蛟龙害怕便会下雨，但是结果还是无用，天气反而更热，"流汗卧江亭，更深气如缕"。杜甫本来就怕热，结果闹得"汗湿衣裳污"，毫无办法。虽然没有雨，却常常打雷。雷过风起，阴云又复吹散，真是弄得"峡中都似火，江上只空雷"。杜甫有时只得跑到武侯祠堂去避暑，因为那些参天古柏还足以稍抗炎威。

直到秋天才落雨，落起来却又没完，一直闹到"雨不绝"，晴天又成了稀罕事。

杜甫本想种些蔬菜维持生计，整个夏天毫无希望，下雨时已经到了秋天，便种几棵莴苣，结果"苣不甲坼"，而野苋却翻然出地，滋蔓户庭。芝兰拥塞，荆杞众多，有些叫人哭笑不得。又因为传说乌鸡可以愈风痹，杜甫便养了几十只鸡，想等到秋天，慢慢吃蛋，可是这些鸡，却"喧呼山腰宅"，"蹋藉盘案翻"，弄得驱赶不禁，无奈之下只得叫童仆立上栅栏。虽然如此，这些鸡有时还是会穿越栅栏，弄得家里一片狼藉。幸好杜甫在夔州有两个好家童，一个叫阿段，另一个叫信行，两个人都忠实肯干。有时水管坏了，无论是深夜还是大热天，家童都不避虎豹，不怕炎暑，到山里去修整。所以杜甫对阿段和信行的尽职，感到怜悯。看见信行到黄昏热红了脸回来，或者见深夜阿段径入深山，那种"于事少滞碍"的精神，都使杜甫心中老大不忍。

秋天，杜甫移居夔州西阁。西阁依山临水，是一个最适合观临的地方。整个秋天，杜甫在阁上看江看月，听风听雨。"垂白冯唐老，清秋宋玉悲。"有时江月皓洁，有时月翳星辉，有时秋风习习，有时秋雨滂沱。国家似乎有统一的希望，但时局始终动荡。自己衰疾未愈，长年旅泊，气衰少寐，在这漫长的秋夜里，思前想后，真是"高楼思杀人"。

"诗是吾家事"，杜甫便认真地写起诗来了。这些诗无疑都是杜甫精心写就，奠定了杜甫在诗坛的地位。可以分三组来说：一组以《洞房》等八首为首，计《洞房》《宿昔》《能画》《斗鸡》《历历》《洛阳》《骊山》《提封》等八首。叙述唐玄宗逸豫失国的前尘往事。随后是《诸将五首》，叙述吐蕃内侵、回纥入境以及乱后民困、贡赋不修诸事，直到四川的混乱。这就把几十年的大事用诗歌夹叙夹议地统摄起来。再有便是《八哀诗》，这便俨然是列传，用诗歌分画王思礼、李光弼、严武、汝阳王李琎、李邕、苏源明、郑虔、张九龄等八个人的小传。

另外一组以《往在》为首，历叙玄、肃、代三朝大事，结以"归号故松柏，老去苦飘蓬"。再有便是《壮游》，记自己从十四五岁出游翰墨场，到客病殊方。《昔游》记当年和高适、李白东游的豪情。《遣怀》记游宋中，与高、李辈的肝胆相照。《夔府书怀四十韵》记载在夔州的心情。连起来看，便自然是杜甫的自传。

再一组便是《秋兴八首》《咏怀古迹五首》，以及《鹦鹉》《孤雁》《鸥》《猿》《麂》《鸡》《黄鱼》《白小》等八首。多半是随事随物兴感，仿佛各种杂笔。至于《解闷十二首》和《存殁口号二首》多半是对于生死故交，一时念到，札诸诗笔。所提到的人物：活着的有郑审、薛璩、孟云卿、席谦、曹霸，死去的有毕曜、郑虔、孟浩然、王维诸人。

而《偶题》一首，无疑便可以当作杜甫的诗论看了。

创作这些诗歌，杜甫的心情是痛苦的。仿佛草木在枯黄萎缩的时候，一定要把丰硕的种子留下来。他以五十五岁的年纪，在不寐的秋夜，东下不成，北归不得。时危百虑，时一沾巾。无可奈何中却把整个心力，用炉火纯青的技巧，制成千古不朽的诗篇。

秋后，柏茂琳为夔州都督。

四川自从崔旰杀了郭英乂，代宗又派杜鸿渐为山南西道、剑南东、西川副元帅，剑南西川节度使。张献诚以山南西道节度使兼剑南东川节度使，来平蜀乱。那时柏茂琳便从邛州牙将升为邛州刺史兼邛南防御使。

不过崔旰很厉害，和张献诚战于梓州，献诚大败，仅以身免。

杜鸿渐来了，便先使人达意，告诉崔旰，许以万全，然后才得进至成都。结果杜鸿渐一点儿不敢开罪崔旰，反而荐之于朝，以节制让给崔旰。代宗也没办法，便以崔旰为成都尹、西川节度行军司马。后来杜鸿渐入朝，代宗便以崔为留后，赐名崔宁。柏茂琳和泸州杨子琳、剑州李昌夔，这些讨伐崔旰的，也都以牙将升为本州刺史。不过这些人是不能和崔旰合作的，所以柏茂琳现在调夔州。

冬天，柏茂琳到夔州了。这总算是一个故人，所以杜甫除了替他作到任谢表以外，还参与他的欢宴。柏茂琳和荆南节度使卫伯玉似是中表，而杜位这时也在江陵为行军司马。所以江陵、夔州间，常通信息。

这时与杜甫来往的常是些武人，如王兵马使、赵兵马使，所接触的自然也是些宝马、名刀之类。杜甫早年裘马清狂的时候，也是射飞逐走的能手，所以不免见猎心喜，乘着酒兴，驰起马来。但是身体究竟不行了，有一天，杜甫坠马了，真是"不虞一蹶终损伤，人生快意多所辱"。

大家听说后，都来慰问，老杜反弄得有些羞惭。"明知来问腆我颜"，只好"语尽还成开口笑"。于是"酒肉如山又一时，初筵哀丝动豪竹"，大家替杜甫压惊，虽然不成灾殃，也总是杜甫寂寞生活中的一次小风波。

大历二年（767）春天，江草梅花，愈动归思，但是"渭水秦山得见否，人今罢病虎纵横"。寄食诸侯虽然无聊，但是老百姓更当不得，杜甫不禁希望"安得务农息战斗，普天无吏横索钱"。不过既不能走，便只得住。先从西阁迁居赤甲，不久，便又由赤甲迁居瀼西。

在赤甲住的时间最短，似乎只有个把月的光景。杜甫在诗中说"赤甲白盐俱刺天，间阎缭绕接山巅"，可见赤甲是山居，不甚方便。前一年冬天杜甫便说"瞿唐春欲至，定卜瀼西居"，而且诗中不断说"瀼东瀼西一万家，江北江南春冬花"，又说"云障宽江左，春耕破瀼西"，显然瀼西人烟稠密，地势宽平，既方便又适合耕种。所以就在"百舌欲无语，繁花能几时"的暮春三月，赁得草屋一幢搬进去了。不过想起壮年学书学剑，迄今旅食，年事渐老，羽毛凋零，不禁"落日悲江汉，中宵泪满床"，"身世双蓬鬓，乾坤一草亭"。老杜当时的心情，着实凄凉！

两个儿子宗文、宗武在流浪中逐渐长大，现在大约都有十几岁了，"汝曹催我老，回首泪纵横"。弟、妹仍是四散漂泊。杜占是曾和杜甫居蜀的。杜颖，杜甫在成都有《送舍弟颖赴齐州三首》，也还算有消息。第五弟杜丰，杜甫说是"独在江左，近三四载寂无消息"，"闻汝依山寺，杭州定越州"，大概不在杭州就在越州，所以在夔觅人传信，要访知下落。另外还有一个杜观，却在这年春天来信，说是由中都已达江陵，即到夔州。杜甫计算，"今兹暮春月末，行李合到夔州"。后来果然来了，不过了夏天，杜观又去蓝田迎新妇，杜甫那时也想出川，所以约定"满峡重江水，开帆八月舟。此时同一醉，应在仲宣楼"，那就是说想在荆州相会了。至于妹妹，便是《乾元中寓居同谷县作歌七首》中所说的"有妹在钟离"，却始终未能相见。

在瀼西，杜甫不只有稻畦，还有柑林，所谓"此邦千树橘"。

这东西，当地人不敢多种，因为"所迫豪吏侵"，柑橘在此地卖不了钱，而豪吏侵夺，反多滋扰。杜甫是客居，又有柏督的靠山，反而得以封殖。这也是唐代政治上的弊端。杜甫所希望的"普天无吏横索钱"，自然不只是一句诗。因为家事大，用人也就多了，除了阿段、信行以外，又有女奴阿稽，隶人伯夷、辛秀等。同时柏茂琳也经常打发园官来送菜。不过一经官人，一切马虎，有时却只送些苦苣、马齿充数。

杜甫的生活也似乎较忙，柑林看果，稻畦看水，有暇还要督促隶人们山上伐木，修补墙篱。因为夔州房屋，"壁列树白萄，镘为墙，实以竹示式"，山居与虎豹为邻，极不安全。所以在工作闲暇的时候，杜甫给这些隶人定出功课，每天每人伐木四根，存多了然后葺修墙篱。这些额外工作完成时，杜甫自然要报之微寒，给酒一斛的。也有时教他们去摘苍耳，这东西据说可以治病。

秋天，把瀼西草堂让给从忠州来的亲戚吴郎住，杜甫又搬到东屯。东屯稻米，为蜀第一。杜诗所谓"东屯稻畦一百顷"，这是从前公孙述留屯的地方。据于栗说：东屯距白帝城五里而近，稻田水畦，延袤百顷。前带清溪，后枕崇冈，树林葱蒨，气象深秀。杜甫的稻畦也在这里，所以《自瀼西荆扉且移居东屯茅屋四首》说"淹留为稻畦"。

在瀼西的时候，杜甫决心等到秋凉后出峡。《舍弟观归蓝田迎新妇送示两首》诗说"开帆八月舟"，其他诗中也一再说"天寒出巫峡，醉别仲宣楼""只应踏初雪，骑马发荆州"。他的意思似乎是从巫峡出发，到江陵小住，便踏雪北返。不过为了收稻，他的行

十一 夔州的"丰收"

期不得不延后,所以又说"十月江平稳,轻舟进所如"。《秋日寄题郑监湖上亭三首》说"舍舟应转地,邻接意如何",其他诗又说"闻说江陵府,云沙静眇然",随处都表示不乐在夔门久留。

不过到冬天,杜甫还是没有走成,原因是"留滞嗟衰疾,何时见息兵"。

杜甫的身体近三年来很坏。肺气风痹,眼暗耳聋,给予杜甫很多的苦痛。他希望和平统一,回去过几年太平日子。可是九月间,吐蕃又攻陷邠州、灵州,京师戒严。柳司马从京归来,问及北方近况,据说是:"函关犹出将,渭水更屯兵。设备邯郸道,和亲逻逤城。幽燕唯鸟去,商洛少人行。"这些坏消息把承闻河北诸节度入朝欢喜口号时的心情完全推翻。结果杜甫的病变重,只好哭诉"路迷何处见三秦"。

冬天,杜观从蓝田迎娶妻子到江陵了。这消息传来,杜甫不禁解忧,决定明春出峡。

大历三年(768)岁初,又得杜观书,迎就当阳居止,于是杜甫便决定正月中旬出峡。不久,又得到一个好消息,便是吐蕃退出关陇。有《喜闻盗贼蕃寇总退口号五首》,末一首云:

今春喜气满乾坤,南北东西拱至尊。
大历三年调玉烛,玄元皇帝圣云孙。

这首诗虽然没有详写具体事件,但是杜甫的欢喜心情是掩抑不住的。这在杜诗中,是很不多见的。杜甫的愁苦,我们太熟悉了。

杜甫的欢喜，真也值得我们欢喜啊！

瀼西果园四十亩，杜甫赠给所谓南卿兄了，巫山县唐十八具宴，当地诸公携酒乐相送，在大历三年（768）春天，杜甫由白帝城放船，出瞿塘峡，向江陵漂泊。

历史的温度

藩镇

　　安史之乱平定之后,降将功臣都任节度使,地盘私相授受,实际已成割据的局面。最先成为藩镇的是安史降将,张忠志(李宝臣)任成德节度使,治恒州(今河北正定);田承嗣为魏博节度使,治魏州(今河北大名);李怀仙为卢龙节度使,治幽州(今北京)。这就是著名的河北三镇。他们表面上尊奉朝廷,而实际上各拥强兵,自署将吏,自收赋税,而不入朝廷,成为割据一方的军事政治势力。节度使的职位也往往是父死子继、兄终弟及,或由部下拥立,唐朝廷只能事后追认。

　　除河北三镇外,重要的藩镇还有淄青镇,治青州(今山东益都);淮西镇,治蔡州(今河南汝南);宣武镇,治汴州(今河南开封);泽潞镇,治潞州(今山西长治);沧景镇,治沧州(今属河北)。他们仿效河北三镇,专横跋扈,割据称雄。这些藩镇之间也经常找借口互相攻伐吞并,更有甚者公然反抗朝廷。藩镇"喜则连横而叛上,怒则以力而相拼"(《旧唐书·田承嗣传》),使唐后期的政局极为动荡不安。藩镇是后来唐室灭亡的主因之一。

——节选自雷海宗《国史纲要》

十二 流泊荆湘

漂泊无定
遇李龟年
抚今追昔

　　初到江陵，不少人为杜甫洗尘接风。在这里住了几个月，杜甫又开始漂泊。在潭州和乐师李龟年相遇，杜甫抚今追昔，不胜感慨，创作了著名的《江南逢李龟年》。

杜甫的船,走在三峡中,"石苔凌几杖,空翠扑肌肤"。经过恶滩时,"摆阖盘涡沸,欹斜激浪输",闹得书史全倾,装囊半湿。直到出了峡,不禁感到"死地脱斯须"。而荻笋含泥,蒲茸出沙,一片春芜,才见平川。

此后又经过宜都、松滋,在上巳日以前的一个雨天,到达江陵,便乘着雨直到杜位宅。

这时荆南节度使是卫伯玉,驻守江陵。杜位是节度使行军司马。李林甫死后杜位贬新州,杜甫在成都的时候,才遇赦内移。杜甫在天宝十载(751),曾于曲江杜位宅守岁,那时杜甫才四十岁,这时已经是五十七岁了。屈指算来,十七年光景,无怪杜甫走近听事时,要忍流涕了。

初到江陵,徐司录邀宴林园,胡侍御邀宴书堂。尤其胡侍御的宴集,在座有杜甫的诗友李之芳尚书、郑审秘监。所以宴后,趁着湖月林风,杜甫又和李之芳残樽同倾。后来杜甫又和李之芳到郑审的湖亭泛舟,也有时和友人在李之芳筵前联句,或同泛郑湖。

不过杜甫衰老了,"耳聋须画字,发短不胜篦",衰颜自哂,

小吏相轻,周旋于诸公之间,未免哀伤。《秋日荆南述怀三十韵》诗中,有些不忍卒读的话:

> 苦摇求食尾,常曝报恩腮。
> 结舌防谗柄,探肠有祸胎。
> 苍茫步兵哭,展转仲宣哀。
> 饥籍家家米,愁征处处杯。
> 休为贫士叹,任受众人咍。

这些话今天我们读时还不禁潸然,杜甫写时,定然老泪滂沱了。"羁旅知交态",我们的诗人只好说"自古江湖客,冥心若死灰"了。

素发飘萧,行李凄凉,可是"支策门阑邃",救涸难期。"倚著如秦赘,过逢类楚狂",时方尚武,文场寂寞。虽然杜甫是开元、天宝年间的老宿,但一些人不过是震于威名,稍事点缀,鲜克有终。所以杜甫有时气冲看剑,却也有时闻笛沾裳。不过百年万事,杜甫只好不把这些交态俗情放在心里,"狐狸何足道,豺虎正纵横",杖藜看云,还须雅量清襟,排遣客愁。

过了一个郁蒸的夏天,到秋凉的时候,李之芳死了。李之芳是太宗儿子蒋王李恽的曾孙,安禄山曾奏请为范阳司马。禄山反,自拔归京师。后来又出使吐蕃,被吐蕃羁留两年,回朝拜礼部尚书,改太子宾客,和杜甫的年辈相当,也算是一个故人。现在李之芳死在江陵，江雨湖风，"客亭鞍马绝，旅榇①网虫悬"。"儿童相识尽，宇宙此生浮"，老杜旅况，益感凄凉。这时杜甫已经移居公安，公安颜少府、韦二少府和卫大郎钧对杜甫还算义气，不过前途茫茫，连杜甫自己也不知再向何处去。"南渡桂水阙舟楫，北归秦川多鼓鼙"，所以在去江陵的时候，杜甫便和郑审说："更欲投何处，飘然去此都。"形骸土木，舟楫江湖，遍地干戈，老儒形同弃物。天地虽大，饥寒迫人，无处栖托，所以既想"南征问悬榻"，又拟"东逝想乘桴"。

在公安住了几个月，虽然有贤主人，但是局面太小，杜甫便在穷冬的一个清晨，发舟前往岳阳。"舟楫眇然自此去，江湖远适无前期"，去什么地方，完全没有任何计划，认真地漂泊起来了。

发刘郎浦，疾风沙尘，空村豺虎，有时听见邻舟有人吹觱篥②，天寒飞霜，塞曲风湍，不禁有天地干戈满、江湖行路难之感。

岁晏，泊岳阳城下，"岸风翻夕浪，舟雪洒寒灯"，杜甫从此就将这只孤舟当作家了。

去年米贵军食乏，所以十月里减京官职田三分之一，充军粮；十一月，百官和京城士庶又出钱助军。可是弄来弄去，结果还是"高马达官厌酒肉，此辈杼轴茅茨空"。今年丰收，却又米贱伤农，处处卖男鬻女，偿还租庸。而且钱法弊坏，恶钱充斥，老百姓

---

① 旅榇（chèn）：客死者的灵柩。
② 觱篥（bì lì）：古代管乐器，用竹做管，用芦苇做嘴，约汉代从西域传入，是唐教坊乐的重要乐器。也作"筚篥"。

更是深受其害。杜甫在民间流浪，这些情形自然入目怵心。可是"万国城头吹画角"，战争几时了呢？

岳州裴使君对杜甫颇加礼遇，曾同登岳阳楼。不过"百年歌自苦，未见有知音"，杜甫还要继续南行。趁着春生，过南岳，入洞庭湖，宿白沙驿、凿石浦、花石戍，溯湘而上，直到潭州。偷生一老，走着屈原、贾谊的旧道路，但遇新少年，鲜逢旧友。在这些血气鲜活的少年群中，自己老丑穷迫，很是刺痛杜甫的感情，甚至"常如中风走"。可是杜甫虽然像老马秋鹰，却决不甘低首下心，"艰危气益增"，乘时一击，未始无望。倘真从此寂寞，那就"雨急青枫暮，云深黑水遥"，梦魂不归，也不用楚辞招了。

大历四年（769）清明，杜甫在潭州。新火青枫，竹马红颜，风俗习惯大致和长安的相同。可是人民迫于租赋，又加上黠吏渔夺，多半柴扉芜没，空村遍逃，"刻剥及锥刀……视汝如莠蒿"。崩迫关情，歌哭在晓。杜甫还要走，发白马潭，入乔口，经铜官渚、双枫浦。在路上得到衡阳判官郭受的复诗"春兴不知凡几首，衡阳纸价顿能高"，杜甫便决计赴衡阳。衡州刺史韦之晋是杜甫的故人，可是这时却以湖南都团练观察使移刺潭州，杜甫有诗奉送，不料韦之晋死在潭州。"童孺交游尽……老来多涕泪"，杜甫故人又少一个。

杜甫有肺病，因而怕热，"执热沉沉在，凌寒往往须"。每年夏天，杜甫常苦溽暑。湖南却热得厉害，"衡岳江湖大，蒸池疫疠偏"，自己为生活奔波客游，狂走瘴疠之乡，火云垢腻，深愧不能安命。所以在衡州不久，便回棹北返，杜甫的意思，是打算托迹襄阳,"清思汉水上,凉忆岘山巅",卜居灌园,做一个静者。不料才回到潭州,身体便支持不住了,杜甫只好在潭州住下,直到秋天他的病才好。《江阁卧病走笔寄呈崔卢两侍御》写道:"衰年病只瘦,长夏想为情。滑忆雕胡饭,香闻锦带羹。"写出他病后口谗的情形。

这时湘粤间,渐多故人。天气又渐高爽,所以杜甫打消北归的意念,暂在潭州住下了。

衡阳郭受寄杜甫的诗说"新诗海内流传久",韦迢留别杜甫的诗也说"大名诗独步"。虽然时局动荡,干戈遍地,然而尊重诗人的人依然不少。尤其使杜甫兴奋的,便是和苏涣的结识。

苏涣年轻的时候,喜剽盗,善用白弩。巴人号之为白跖,賨人①比之盗跖,可以说是个游侠人物。后来折节读书,进士及第,擢迁御史。现在却旅于江侧,不交州府之客,做一个静者。他听说杜甫在潭州,便肩舆江浦,访晤杜甫孤舟。苏涣的诗,颇富气势,如:"一女不得织,万夫受其寒。一夫不得意,四海行路难。"依然不脱盗侠况味。杜甫请他诵诗,于是他便朗吟数首。杜甫《苏大侍御访江浦赋八韵记异》序中说:"余请诵近诗,肯吟数首,才力素壮,辞句动人。接对明日,忆其涌思雷出,书箧几杖之外殷殷留金石声。赋八韵记异,亦见老夫倾倒于苏至矣。"苏涣的诗使老杜在第二天还仿佛有金石之声在耳,并且说:"今晨清镜中,胜食斋房芝。"茫茫人寰,像苏涣这样的人物,实不多见,无怪老杜

---

① 賨(cóng)人:亦称"賨民"。秦至南北朝时巴人的称谓。

倾倒。崔瓘也是不平常的人物，似乎不容治下失此遗珠，便辟苏涣入幕从事。第二年，崔瓘为臧玠所杀，苏涣便煽动哥舒晃叛乱，事败伏诛。可是臧玠却因为赂遗杨子琳，没有受到什么处分。所以当时的是非，也就难说了。不过那时杜甫也死了，不见纪实。高仲武说："此犹龙蛇见血，本质彰矣。"总之，封建时代的一些"叛徒"，多半是很较真的人物，李白如此，苏涣如此，就是杜甫也是如此。不过杜甫到晚年，生活窘迫，体力衰弱，只好走上比较"忠厚"的道路。

杜甫虽然长年漂泊，游食诸侯，但心里是矛盾的。"艰危作远客，干请伤直性。薇蕨饿首阳，粟马资历聘。贱子欲适从，疑误此二柄。"不能抗节高隐，像伯夷、叔齐那样甘心穷饿，又不肯屈己逢人，像张仪、苏秦那样裘马金银。进退失据，所以说"疑误此二柄"。在潭州，杜甫自然还是免不了向一些熟人乞食求助，不过得暇，也常在市上卖药。杜甫在成都，在夔门，因为多病常自种药，来湖南后，船里带来的药草也还不少。"茅斋定王城郭门，药物楚老渔商市。"

同时因为故交零落，对于友朋消息，苦恨断绝。送韦迢诗说："洞庭无过雁，书疏莫相忘。"韦迢别杜诗说："相忆无南雁，何时有报章。"杜甫酬寄时便又说："虽无南去雁，看取北来鱼。"友情深厚。裴虬也不断从道州寄书来，有时信长，杜甫描写他捧读时的心情说："道州手札适复至，纸长要自三过读。盈把那须沧海珠，入怀本倚昆山玉。拨弃潭州百斛酒，芜没潇岸千株菊。使我昼立烦儿孙，令我夜坐费灯烛。"信简直比珠玉还宝贵，酒也顾不得喝，菊也来不及看，白天到晚上，痴迷忘倦，虽然写来幽默气氛很足，但是故人情长，也可见一斑。甚至从文书帙中，看到从前在成都时高适的寄诗，想起忘形故人，只有汉中王李瑀和昭州刺史敬超先还在，可是爱而不见，还要进泪幽吟。诗人迟暮了，对知交依恋之情，反愈浓厚。

杜甫对那混乱的年代，一直保持着关注。"天下郡国向万城，无有一城无甲兵。"十年杀伐，六合人稀。到处括马征租，天子虽多恩泽，苍生转感寂寥。他有一首寓言小诗《客从》：

> 客从南溟来，遗我泉客珠。
> 珠中有隐字，欲辨不成书。
> 缄之箧笥久，以俟公家须。
> 开视化为血，哀今征敛无。

这首诗便隐隐说明，民隐无由上达，公家苛敛珠物，无非民间血泪。自己是既成穷辙鲋[①]，又像丧家狗，黑貂裘敝，"乾坤一腐儒"而已，只有希望一些朋友，像裴虬、苏涣之流，能致君尧舜了。

大历五年（770）清明，杜甫又是在潭州过的。看一些男男女女游湘西寺，"金镫下山红粉晚，牙樯捩柁青楼远"，一点儿也不顾念干戈丧乱，"逢迎少壮非吾道，况乃今朝更被除"。

[①] 辙鲋（fù）：困在干涸车辙中的鱼。典出《庄子·外物》。比喻处于困境的人。

这年春天，有两件事可记。一件是杜甫的二十三舅崔伟从录事参军摄郴州刺史，过潭州杜甫有诗奉送。一件是遇见老伶工李龟年。崔伟摄郴州，是后来杜甫南下衡、郴的保障；遇李龟年，唤起杜甫的许多回忆。

在夔州柏都督筵间，曾听梨园弟子李仙奴歌，"法歌声变转，满座涕潺湲"。夔州别驾元持宅，看公孙大娘弟子李十二娘舞剑器，也曾有"绛唇珠袖两寂寞……感时抚事增惋伤"之句。从安禄山之乱，迄今将近十五年，而大局仍然纷披，面对着开元时代的歌舞，想起开元时代的繁荣和安定，怎会不有人情聚散、世境离乱之感？

终日住在船里，有时花飞，有时燕来，"春水船如天上坐，老年花似雾中看"，虽然空灵，到底有些模糊。

过了春天，才到四月，潭州便发生一件大事。湖南都团练观察使崔瓘被兵马使臧玠杀害，潭州大乱。

事情是这样的：崔瓘是一个有士行的人，到职以来，政在简肃，恭守礼法。可是当时因为世乱，军人跋扈，向来不愿拘束，所以对崔瓘的守法不阿早就不高兴。四月，会月给粮储，兵马使臧玠和判官达奚觏因事忿争。本来也没有什么要紧，达奚觏便说："今幸无事。"臧玠却错会了意，便声言"有事何逃"，愤恨而去。到夜里，臧玠便带兵破城，说是杀达奚觏。崔瓘仓皇出避，被臧玠的兵杀害了。

当时衡州刺史阳济、道州刺史裴虬、澧州刺史杨子琳都起兵讨乱。可是杨子琳却中途受了臧玠的贿赂，勒兵而还。

杨子琳本来是和柏茂琳等在四川同时讨崔旰的，从泸州牙将升为刺史。后来崔旰入朝，杨子琳又乘机袭成都，被崔旰（已赐名崔宁）的妾任氏所败。于是他从泸州招聚亡命之徒沿江东下。大历四年（769），就是杜甫离开夔州的次年，杨子琳破夔州，杀别驾张忠。卫伯玉想利用他，替他向朝廷请命，后来便以子琳为峡州团练使，不久又改澧州刺史。杨子琳的利禄便是劫持来的，对臧玠只好引为同道，怎肯力讨呢？

杜甫避乱以后，总还算幸运：才离开秦州，秦州便有党项人侵入；才离开成都，成都便有徐知道之乱；第二次离开成都，成都又有崔旰之乱；才出夔门，夔州便有杨子琳之乱。但是，这一次祸乱却赶上杜甫了。好在杜甫这时是以船为家，于是便逃难赴衡州，想由衡州去郴州，暂依二十三舅崔伟住些时候。

对这一事件，杜甫是同情崔瓘的，所以一则曰："嗟彼苦节士，素于圆凿方。"再则曰："凋弊惜邦本，哀矜存事常。"不过对于崔的不知权变，不能恤下，杜甫却也直言"偏裨限酒肉，卒伍单衣裳"，结果崔瓘才被臧玠蛊惑，泄愤于衢路。臧玠自然不是为士兵的利益打算，只不过借此倡乱而已，所以杜甫对臧玠便无怨辞："问罪富形势，凯歌悬否臧。氛埃期必扫，蚊蚋焉能当。"不过讨伐臧玠，杜甫知道杨子琳没有希望，只有寄希望于阳济、裴虬以及苏涣。苏涣是崔的幕宾，杜甫说："门阑苏生在，勇锐白起强。"认为定可平乱。

过衡山县，杜甫参观文宣王庙新学堂，觉得在这"儒衣山鸟怪"的时代，居然能够听到读书声，不禁认为该县陆宰是有心人了。

到衡州,有《舟中苦热遣怀奉呈阳中丞通简台省诸公》一诗,希望阳济、裴虬以及李勉能平定湘乱。"吾非丈夫特,没齿埋冰炭",自己无权位,只好"疏布缠枯骨",奔走逃难。

从衡州溯耒水而上,目的地自然是郴州。因为崔伟也不断有信招杜甫前往,"频繁命屡及,磊落字百行"。不料走到耒阳,江水大涨,不能前进。灏溔潢漾,半旬之间,毫无办法。幸亏狄兼謩曾向杜甫介绍耒阳聂令,杜甫便投书求救,聂令便送来酒肉充饥。

这时杜甫听说崔侍御溪乞师洪府,已到袁州。杨子琳也从澧上到长沙。臧玠之乱,看来不久可以平定。"问罪消息真,开颜憩亭沼。"

杜甫便住泊在耒阳附近方田驿了。

历史的温度

开元盛世

开元盛世是唐玄宗统治前期所出现的盛世。

唐玄宗治国初期,以开元(713—741)为年号,励精图治,并且任用贤能,发展经济,提倡文教,使得天下大治,所以后世史学家称这段时期为"开元盛世"。

唐玄宗即位后,先起用姚崇、宋璟为相,其后又用张嘉贞、张说、李元纮、杜暹、韩休、张九龄为相。他们各有所长,并且尽忠职守,使得朝政充满朝气。而且玄宗在此时亦能虚怀纳谏,因此政治清明,政局稳定。

开元年间的繁荣景象是唐朝百余年来社会发展所积累的成果,但是也与唐玄宗的励精图治密不可分。

十二 狂走终奚适

梦回长安
客死途中
千古传疑

770年，杜甫乘船去荆楚，目的地是长安。不料，大概才到岳阳的时候，杜甫的诗魂就悄然长逝了，终年五十九岁。杜甫的死，千古传疑，说法不一。

杜甫没有去郴州。湖南的气候对杜甫是一种威胁,而且"生涯相汩没,时物自萧森",战血依旧滂沛,"狂走终奚适"。所以到秋天,便放棹直下荆楚,想由汉阳转襄阳,然后从洛阳直返长安。

　　"九钻巴嘤火,三蛰楚祠雷",十几年的漂泊,到现在"途穷那免哭,身老不禁愁"。到处只靠亲友分金赠米,小船里"乌几重重缚,鹑衣寸寸针","生理飘荡拙,有心迟暮违",还有什么希望呢?

　　到了冬天,风疾便严重了。杜甫感到"葛洪尸定解,许靖力还任",那时大概才到岳阳吧,天高水阔,而他的诗魂,便在当地人击鼓踏歌声中,悄然长逝了。

　　那时是大历五年(770),杜甫享年五十九岁。

　　杜甫的死因为缺乏真实的记载,所以千古传疑,无法钩稽。不过这些传说,也都相当有力,不好摧陷。我们只有埋怨那个时代太混乱了,杜甫流浪陇、蜀、湘、沅间近十四年,京朝故人,凋零殆尽,无人关心他的存亡。而江左和湘蜀距远,据樊晃说:"属时方用武,斯文将坠,故不为东人之所知,江左词人,所传诵者,皆君之戏题剧论耳,曾不知君有大雅之作,当今一人而已。"所以诗人在混乱的时局中,悄然长逝,竟不怎样为当时人所注意。稍后追寻,于是许多传说,纷至沓来,竟使唐人也无法辨其真伪。

最盛行的传说,便是杜甫死于牛肉、白酒。《旧唐书》《新唐书》都如此说:

……寓居耒阳。甫尝游岳庙,为暴水所阻,旬日不得食。耒阳聂令知之,自棹舟迎甫而还。永泰二年,啖牛肉白酒,一夕而卒于耒阳,时年五十九。(《旧唐书·杜甫传》)

大历中,出瞿唐,下江陵,溯沅、湘以登衡山。因客耒阳,游岳祠,大水遽至,涉旬不得食。县令具舟迎之,乃得还。令尝馈牛炙白酒,大醉,一昔卒,年五十九。(《新唐书·杜甫传》)

二史杂采传闻小说,错误很多,即以前所引录而言,《旧唐书》竟谓杜甫卒于永泰二年(766),其他谬误,尤令人掩卷。此种说法,大抵都是根据《明皇杂录》:

杜甫客耒阳,游岳祠,大水遽至,涉旬不得食,县令具舟迎之,令尝馈牛炙白酒。后漂寓湘潭间,羁旅憔悴于衡州耒阳县,颇为令长所厌。甫投诗于宰,宰遂致牛炙白酒以遗甫,甫饮过多,一夕而卒,集中犹有赠聂耒阳诗也。

这个说法不可靠,王彦辅、郑印、黄鹤、仇兆鳌诸氏都说得很详细。因为在大历五年(770)夏天赠聂令诗以后,到秋天还有《暮秋将归秦留别湖南幕府亲友》及《风疾舟中伏枕书怀三十六韵奉呈湖南亲友》诸诗,显然杜甫不是因为牛炙、白酒而死。

不过,除此之外,还有一个传说,认为杜甫是因为江水暴涨,为惊湍漂泛,尸骨没有着落,耒阳杜坟只是空坟。这个说法有两个记载。

刘斧《摭遗》:

　　子美由蜀往耒阳,以诗酒自适。一日,过江上洲中,饮醉,不能复归,宿酒家。是夕,江水暴涨,子美为惊湍漂泛,其尸不知落于何处。玄宗还南内,思子美,诏求之,聂令乃积空土于江上,曰:"子美为白酒牛炙胀饫而死,葬于此矣。"以此闻玄宗。故唐史氏因有牛炙白酒,大醉一夕卒之语。信哉史氏之讹矣。

宋朝李观据之为遗补传:

　　……由蜀往耒阳,依聂侯,不以礼遇之。子美忽忽不怡,多游市邑村落间,以诗酒自适。一日,过江上洲中,饮既醉,不能复归,宿酒家。是夕,江水暴涨,子美为惊湍漂泛,其尸不知落于何处。洎玄宗还南内,思子美,诏天下求之。聂侯乃积空土于江上,曰:"子美为白酒牛炙胀饫而死,葬于此矣。"以此事闻玄宗。吁,聂侯当以实对天子也。既空为之坟,又丑以酒炙胀饫之事,子美有清才者也,岂不知饮食多寡之分哉。

这个传说的最大漏洞,便是唐玄宗。唐玄宗崩于宝应元年(762),杜甫卒于大历五年(770),相距约八年,怎会有玄宗诏天下求杜甫的故事。

可是这种说法在唐朝却颇有人相信。韩愈《题杜工部坟》诗云:

> 今春偶客耒阳路,凄惨去寻江上墓。
> 召朋特地踏烟雾,路入溪村数百步。
> 招手借问骑牛儿,牧儿指我祠堂路。
> 入门古屋三四间,草茅缘砌生无数。
> 寒竹珊珊摇晚风,野蔓层层缠庭户。
> 升堂再拜心恻然,心欲虔启不成语。
> 一堆空土烟芜里,虚使诗人叹悲起。
> 怨声千古寄西风,寒骨一夜沉秋水。
> 当时处处多白酒,牛肉如今家家有。
> 饮酒食肉今如此,何故常人无饱死?

> 子美当日称才贤,聂侯见待诚非喜。
> 泂乎圣意再搜求,奸臣以此欺天子。
> 捉月走入千丈波,忠谏便沉汨罗底。
> 固知天意有所存,三贤所归同一水。
> 过客留诗千百人,佳词绣句虚相美。
> 坟空饫死已传闻,千古丑声竟谁洗?
> 明时好古疾恶人,应以我意知终始。

这首诗韩集不载,似非原作,好事者为之。

但唐人持此说者,颇不乏人,如郑谷《送田光》诗云:"耒阳江口春山绿,恸哭应寻杜甫坟。"高颙宰耒阳,有诗云:"诗名天宝大,骨葬耒阳空。"孟宾于《耒阳杜工部墓》诗云:"一夜耒江雨,百年工部文。"似乎杜甫真是漂泛江水,耒阳坟只是空土一堆。

不过元稹作《唐故工部员外郎杜君墓系铭并序》,却说:"扁舟下荆、楚间,竟以寓卒,旅殡岳阳,享年五十九。"又说:"适子美之孙嗣业,启子美之枢,襄祔事于偃师,途次于荆,雅知予爱言其大父为文,祈予为志。"难道杜嗣业千里跋涉,想归葬偃师的,是空坟吗?而且元稹只说寓卒,殡岳阳,并没有说死在耒阳的事。元稹当然是根据杜氏家状,自然更可信。所以不特牛炙、白酒可疑,漂死、空坟可疑,就是卒于耒阳也可疑了。

《唐诗纪事》说:"(大历)五年辛亥[①],有《追高适人日

[①] 此文乃节引吕大防《杜少陵年谱》。《吕谱》于每岁干支向后误推一年,与诸家《年谱》不合。大历五年,当是庚戌。

作》。夏，甫还襄汉。卒于岳阳。"宋吕大防年谱和纪事文相同。

鲁訔谱云：

> 其卒当在潭岳之间，秋冬之交。元微之《志》云：子美之孙嗣业，启子美之柩，襄祔事于偃师，途次于荆，拜余为志，辞不能绝。其略云：扁舟下荆、楚，竟以寓卒，旅殡岳阳。吕汲公《年谱》云：大历五年庚戌，是年夏，还襄阳，卒于岳阳。以诗考之，大略可见。传言卒于耒阳，非也。汲公云"是夏"，亦非也。今《九域志》"衡州有公墓"，又未知信然，或附会邪？

仇兆鳌修正朱鹤龄谱云：

> 大历五年庚戌，公年五十九。春，在潭州。夏四月，避臧玠乱入衡州。欲如郴州依舅氏崔伟，因至耒阳，泊方田驿。秋，舟下荆、楚，竟以寓卒，旅殡岳阳。

浦起龙《少陵编年诗目谱》：

> 大历五年，春，在潭州。夏，潭有臧玠之乱，遂入衡州，欲如郴州依舅氏崔伟，至耒阳，不果。秋冬之间，回湖，欲北还，未遂，竟以旅卒，年五十九。

大抵对杜甫的研究，如架屋积薪，往往后来居上。唐人樊晃编杜诗，才不过二百九十篇。戋戋小集，遑足考据。宋，经苏舜钦、王安石迄王洙，杜诗定取千四百有五篇，始成大观。李纲序黄长睿本已增为千四百四十余篇。后来又经各家注解编年，迄仇兆鳌《详注》、浦起龙《心解》，杜诗定著一千四百五十七首。据诗核检，杜甫生平了然可述。所以唐人反多传说附会，后人据诗造谱，倒比较能近事实。因此，与其信那些传说，毋宁信以杜诗为根据的诸谱。

杜甫死后四十三年，元和八年（813），杜甫的孙子杜嗣业收拾乞丐[①]，继承他父亲杜宗武的遗志，从岳阳搬运杜甫的遗骸，襄祔偃师。路过荆州，杜嗣业请元稹作《墓系铭》。

据元稹记载："嗣子曰宗武，病不克葬，殁，命其子嗣业。"杜宗武那时已经死去。杜甫原本有两个儿子——宗武、宗文。宗武小名骥子，宗文小名熊儿。据《旧唐书·杜甫传》以及元稹的记载，宗武是"流落湖、湘而卒"，宗文死得或许比宗武还要早些。黄鹤臆度说，大历五年（770），自潭之衡时，乃丧宗文。不过事无佐证，不好据以为准。大历二年（767），杜甫在夔州的时候，熟食日还有诗示宗文、宗武，可是大历三年（768）出峡时，便只有《元日示宗武》和《又示宗武》，不提宗文。所以也有人说宗文留蜀，没有随杜甫出川。据《绵竹县志》，宗文十代孙杜淮，世居青城，宋皇祐五年（1053），为绵竹令。似乎也可以作为杜宗文

[①] 乞丐：乞求。

曾留居四川的一个证据。但是据樊晃《杜工部小集序》"君有子宗文、宗武，近知所在，漂寓江陵，冀求其正集，续当论次云"，似乎宗文留蜀的说法不可靠。

杜甫夫人弘农杨氏是司农少卿杨怡的女儿，一向随着杜甫漂流陇、蜀、湘、潭。她的死应该在杜甫以后，死的时候是四十九岁，不过年份无从稽考了。

杜嗣业除迁祔他祖父的灵柩一事外，也湮没无闻。

杜甫诗云："千秋万岁名，寂寞身后事。"诗人身后事，在那动乱的时代中，真令人有些寂寞之感。诗人没有辜负他的时代，对于当时的宦竖典兵，重帅权轻守令，以及贵武贱文，遣戍征徭，民生疾苦，无不尽言。可是那个时代对于诗人的记录却寥寥无几。乾坤万里，无处容身，江湖凄迷，埋没蓬蒿。读那《旧唐书》《新唐书》两篇传文，荒谬绝伦，真令人感到修史的人对于诗人的漠视。

历史的温度

唐诗中之哲学

　　唐时佛理浸透人心,大唐文化结晶的唐诗中充满了时间无限、空间无限、人类渺小轻微的观念。如李白诗中便有"生者为过客,死者为归人"之句。但这并不是悲观。人虽微小,却是宇宙所必不可无的。若无人,宇宙就不成其为宇宙。人与无限的宇宙不可分离,甚至化而为一,这可说是诗人的明心见性与顿悟成佛。

　　除上下四方古往今来的一切都可提示这种玄妙外,深山隐士最易明了这个道理,古寺钟声最足使人体会这种不可言传的神秘。如唐代诗人常建便在禅院中写下"清晨入古寺,初日照高林。曲径通幽处,禅房花木深。山光悦鸟性,潭影空人心。万籁此俱寂,但余钟磬音"的诗句。

——节选自雷海宗《国史纲要》

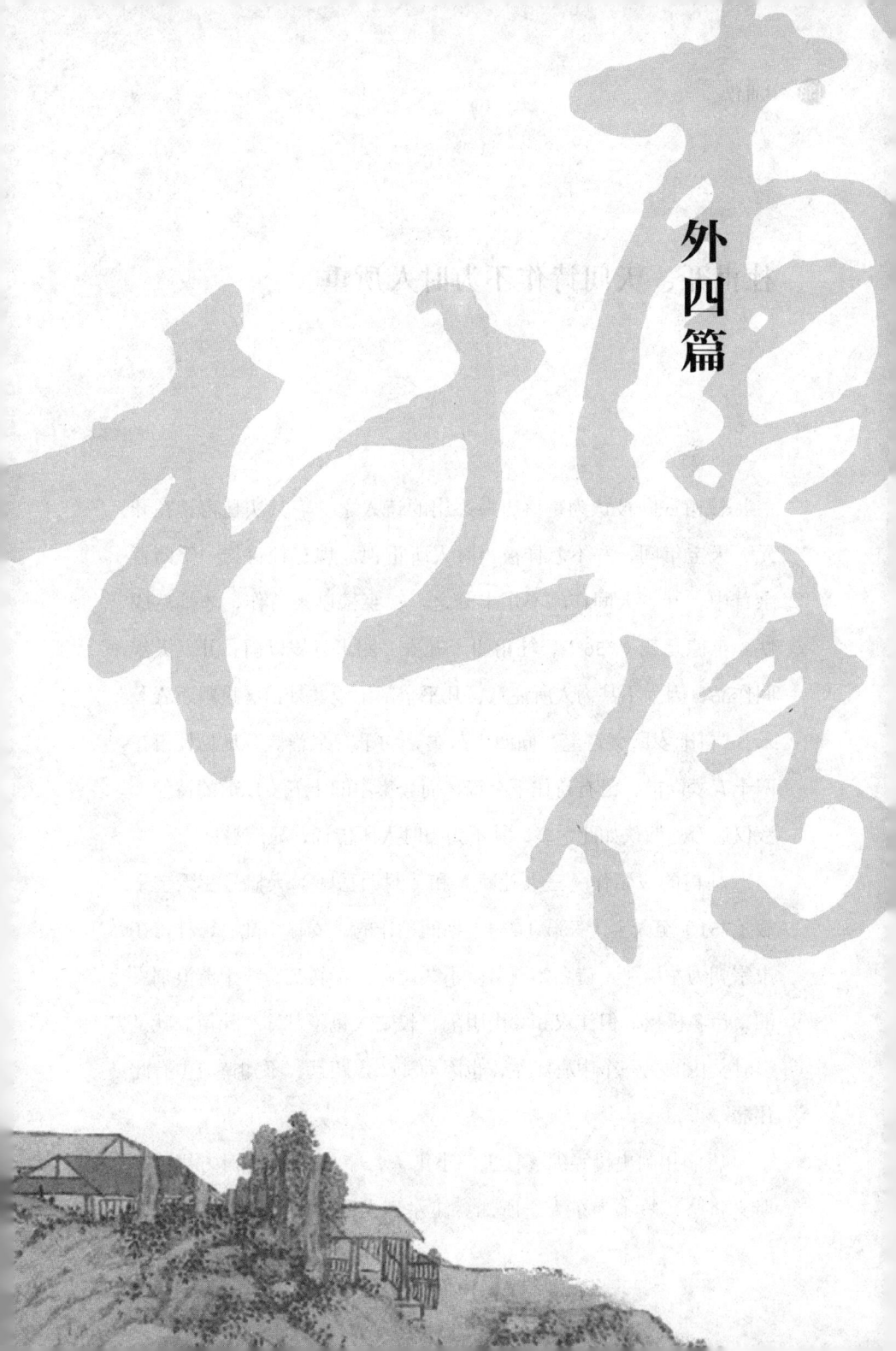

外四篇

杜甫开、天间诗作不为时人所重

杜甫一向被认为是盛唐最杰出的诗人之一。其实杜甫诗在开元、天宝年间，并不怎样被当时人所重视。现存杜诗约一千四百余首中，开、天间作品不足十分之一；至德以来诗作，才灿然成帙。至德元载（756），杜甫四十五岁。四十五岁以前，开、天年间作品，因为不甚为人所注意，几乎全部沦没。杜甫《进雕赋表》云："自七岁所缀诗笔，向四十载矣，约千有余篇。"足见杜甫在四十五岁以前，已有诗作千余篇，而今集中四十五岁以前的诗作，数仅逾百。散佚如此之多，其不为当时人所传诵，显然易见。

杜甫的成名作《三大礼赋》和《封西岳赋》大概是在天宝十载（751）至天宝十三载（754）期间创作的。安禄山乱后，杜甫在肃宗朝为左拾遗，诗名始渐著。不久避乱入秦转蜀，终于流浪荆、湘，诗名极盛。但江汉和关中阻隔，长安人也不甚知有杜甫。就是当时文化的另一个中心江左，也因为和江汉距远，不知诗流中有此伟器。

唐润州刺史樊晃编《杜工部小集》，序文说："属时方用武，斯文将坠，故不为东人之所知。江左词人所传诵者，皆公之戏题剧论耳,曾不知君有大雅之作,当今一人而已。今采其遗文,凡二百九十篇,各以志类,分为六卷,且行于江左。"可证明杜甫诗,不只开、天间不为当时人所注意,即使杜甫死后,作为经济文化中心的江左,对他依然如此阻隔。殷璠集录开元二年(714)至天宝十二载(753)诗,自常建、王维、李白以下,诗人凡二十四,率称之为"河岳英灵",可是竟没有杜甫。高仲武编《中兴间气集》,自称:"起自至德元年首,终于大历末年,作者数千,选者二十六人。"此期间,正是杜甫创作最丰赡的时期,可是二十六人中,也没有杜甫。

因为当时人论诗,大都沈佺期、宋之问之后,便推崔颢、王维,不甚谈李白、杜甫。独孤及在《皇甫公集序》中云:"沈、宋既殁,而崔司勋颢、王右丞维,复崛起于开元、天宝间。"刘禹锡《卢象集序》云:"公始以章句振起于开元中,与王维、崔颢比肩骧首,鼓行于时。"可见崔颢、王维在当时,名声似乎超过李白、杜甫。

其实就是杜甫在晚年念念不忘的齐梁游侣——李白和高适,在当时也不怎样推崇杜甫。因为那时高适和李白都是四十多岁,杜甫才不过三十三岁。李白已经由翰林放归,杜甫似尚未成名。所以在李白的诗中,除了《鲁郡东石门送杜二甫》《沙丘城下寄杜甫》二首外,绝不再见杜甫。(《别杜补阙》诗自非杜甫,"饭颗山头"云云,亦不可靠。)而杜诗中忆及李白的,却有十四五篇。高适去河西,和杜甫往还始密,在蜀才有《人日寄杜二拾遗》诸诗。齐梁间诗,绝不提杜甫。这些都足以证明高、李虽曾和杜甫同游,而当时杜甫诗名尚未振。

由此看来，杜甫诗名，不只开、天间不著，就是大历间依然因为他偏居江汉，不为关中、江左所熟悉。直到元和、长庆间，赖韩愈、元稹、白居易诸人之推崇，杜甫在诗坛上的地位才算固定。晚唐以来，论诗者没有不说李翰林、杜工部的了。

韩愈诗云："李杜文章在，光焰万丈长。不知群儿愚，那用故谤伤。"似乎当时对李、杜仍多谤伤。元稹对杜甫更加推崇，称之为："诗人以来，未有如子美者。"甚至认为李白"尚不能历其藩翰，况堂奥乎！"。有人说，韩愈的诗是指元稹说的，其实不然。韩、元所论，自是两事。

元稹《叙诗寄乐天书》云："又久之，得杜甫诗数百首，爱其浩荡津涯，处处臻到，始病沈、宋之不存寄兴，而讶子昂之未暇旁备矣。"当时元稹也不过才得杜诗数百首。

大抵元和、长庆间，诗文领袖韩愈、元稹、白居易等，除元稹特重杜甫外，率李杜并称。韩愈诗云"少陵无人谪仙死"，又"远追甫白感至诚"，又"勃兴得李杜"，又"昔年因读李白杜甫诗，长恨二人不相从"。白居易《与元九书》："又诗之豪者，世称李杜。李之作，才矣！奇矣！人不逮矣！"又说："翰林江左日，员外剑南时。"其论调之坚定统一，自非开天、大历时之庞杂可比，此后，杜甫在诗坛上的地位，光芒日新。论述众多，自然不必再事引证。

杜诗的结集

唐人诗卷,浩博难以计数。但是大都像秋树落叶,随时递减。能够流传到现在的,只不过是极幸运的百中二三而已。当时大家,像李、杜、元、白中,只有白居易特别珍惜他的文集,传抄多份,分存多处,得迄今仍和原卷近似。李白死后,李阳冰编《草堂集》,不过十卷;魏颢编《翰林集》,才二卷,当时就说著作十丧其九;到宋朝,乐史、宋敏求搜罗访求,递增成三十卷;后来也就没有再大的发展了。元稹《长庆集》一百卷,另有《小集》十卷;今仅依赖宋人传抄刊刻,才得六十卷。杜甫诗的遭际也是如此。

杜甫诗据《唐志》有六十卷。樊晃也说:"文集六十卷,行于江汉之南。"可是樊晃编《杜工部小集》于江左,才得遗文二百九十篇,分成六卷,称之为小集。樊晃知道杜甫的儿子宗文、宗武都漂寓江陵,"冀求其正集,续当论次云"。大概樊晃最终没有见到正集。所以迄宋,樊编小集,仍在流布,可是六十卷正集,竟归散佚。

元稹曾说"得杜甫诗数百首,爱其浩荡津涯,处处臻到",似乎也不及见正集。大抵当时杜诗,或许像刘全白谈李诗一样,是"集无定卷，家家有之"的。白居易《与元九书》说："杜诗最多，可传者千余篇。"白居易或许看过正集，不过千余篇，仍不及今传杜诗数目。六十卷的正集，当不止此数。

到宋朝，苏舜钦说："今所存者，才二十卷。"二十卷本，不知是哪种本子，因宋初二十卷本的杜诗有三种：一种是蜀本，一种是孙光宪序的本子，一种是郑文宝序的《少陵集》。不过苏舜钦又从韩综和王纬处各得一集，三本相较，据云多出三百八十几首，另编成《老杜别集》。

王安石也爱杜诗，做鄞令的时候，得到"世所不传者二百余篇"。王原叔又收集秘府旧藏，以及人家所有称大小集者，凡九十九卷。计：古本二卷、蜀本二十卷、集略十五卷、樊晃序小集六卷、孙光宪序二十卷、郑文宝序二十卷、别题小集二卷、孙仅一卷、杂编三卷。除其重复，定取一千四百有五篇。分十八卷，又赋笔杂著二卷，合为二十卷。这可以说是杜甫诗的第一次大结集。这时是宋仁宗宝元二年（1039），距离杜甫的死，已经二百六十九年了。

在此之后，太原王琪，又就王原叔本与何瑑、丁修再整理一次，裴煜又得遗文九篇刊附集外。王琪虽然动机不纯，但总也算是整理杜诗功臣。——因为那时王琪守吴郡，大修设厅，假省库钱数千缗。厅成，漕司不肯拨付。王琪急了，"即俾公使库镂板印万本，每部直千钱"。当时人正苦于没法得到杜诗，所以争购一空。王琪得以偿还省库，还有余裕。

元丰五年（1082），温陵宋谊序杜诗云："顷者，处士孙正之得所未传二百篇,而丞相荆公继得之,又增多焉。及观内相王公所校全集,比于二公,互有详略。"可见杜诗在北宋一直没有定本,只是陆续发现。

到南宋,李纲序黄长睿的《校定杜工部集》,说黄又得逸诗数十篇,参于卷中,成二十二卷。"子美之诗,凡千四百四十余篇。"这比王原叔本,又多四十几篇,可以说是杜诗的第二次结集。

后来蔡傅卿(即蔡梦弼)编《草堂诗笺》,把卞圜、吴若、员安宇和裴煜等陆续搜得的杜诗别为逸诗一卷。清仇兆鳌、浦起龙诸人又把这些逸诗,也依年次补入集中,不另置卷末,杜诗计一千四百五十七首。从此再没有新的杜诗被发现了,所以这次结集,也就是最后一次结集了。

不过杜甫自己说,四十岁以前有诗一千余首,现存杜诗十分之九都是四十岁以后的作品。即使说杜甫四十岁以后的诗全了,那么还差一半。杜甫全部诗作,应该近三千首才对。

虽然六十卷的杜集渺不可见,幸赖上述唐宋诸贤,搜罗采撷,我们才能读到这一千四百五十七首杜诗,虽然不是全璧,也就差足自慰了。至于替杜诗笺注的,替杜诗编年的,以及替杜诗作解作释的,都对我们了解杜诗有莫大的帮助,我们应该一并感谢他们的劳绩!

杜甫和从孙杜济的龃龉

永泰元年（765）正月，杜甫辞严武幕府，集中有诗《正月三日归溪上有作简院内诸公》。不久杜甫便离成都往戎渝，有诗《去蜀》。四月，严武卒。

诸谱皆谓"四月，严武卒。五月，遂离蜀南下"，其实不然。因为集中永泰元年（765）杜甫在成都写的诗，只有春天诸作而无夏天作品。且离成都倘在严武死后，定有哭严武诗。今集中无有，只是在渝忠间有《哭严仆射归榇》诗。浦起龙《少陵编年诗目谱》称："此行当在严武未卒之前。"最可信。

杜甫在广德二年（764）春天就决定出川。后来因为听说严武还蜀，便取消原来的计划，遄返成都等候严武。为什么这年六月，严武才表其为节度参谋、检校工部员外郎，永泰元年（765）正月杜甫便辞幕不干呢？又为什么杜甫辞幕后，在草堂稍住，便匆匆决计离蜀呢？这里面定有原因在。

杜甫从一入严武幕，似乎就不怎么满意。《宿府》诗说："已忍伶俜十年事，强移栖息一枝安。"《到村》诗说："暂酬知己分，还入故林栖。"不过为什么不满意呢？看起来不是对严武有什么芥蒂，因为诗中始终对严武没有微词。因为一说"暂酬知己分"，又说"束缚酬知己"，杜甫总是把严武当作知己看待。既不是对严武，那么自然是对其他幕僚不满意了。《遣闷奉呈严公二十韵》诗说："平地专欹倒，分曹失异同。"辞幕的原因表面上是衰老，其实却是"分曹失异同"。幕中一定有人和杜甫龃龉，王嗣奭说："公有'分曹失异同'之句，似与诸公不合而归。"《正月三日归溪上有作简院内诸公》诗末尾说："白头趋幕府，深觉负平生。"如果和《赤霄行》中"江中淘河吓飞燕"句对勘，大有人争我弃，不屑对垒之概。那么杜甫在严幕和谁龃龉了呢？一般注释，似乎都不能揭示这一点。其实蛛丝马迹，不无可寻：和老杜不能合作的，便是老杜的从孙杜济。

杜济，据颜鲁公替他作的《神道碑》说："仆射裴冕为剑南节度，奏公为成都令。迁绵州刺史，赐紫金鱼袋。属徐知道作乱，使裨将曹怀信招公，公执以归朝。除户部郎中，加朝散大夫。广德中，检校驾部郎中上柱国。公善与人交，于严武情均莫逆，武再充剑南节度，为武行军司马。"这段叙述太有用了。显然严武再入蜀，便是和杜济一路由长安同来。杜济是行军司马，杜甫是节度参谋。所以杜甫从一入武幕，便感觉不甚如意。因为二杜的不合，不是从严武幕中起，而是另有原因的。

天宝末年，杜甫在长安，正当穷困潦倒的时候，有一首名叫《示从孙济》的诗，显然那时杜济还没有做官，诗云：

平明跨驴出，未知适谁门。

> 权门多噂沓，且复寻诸孙。
> 诸孙贫无事，宅舍如荒村。
> 堂前自生竹，堂后自生萱。
> 萱草秋已死，竹枝霜不蕃。
> 淘米少汲水，汲多井水浑。
> 刈葵莫放手，放手伤葵根。
> 阿翁懒惰久，觉儿行步奔。
> 所来为宗族，亦不为盘飧。
> 小人利口实，薄俗难具论。
> 勿受外嫌猜，同姓古所敦。

这首诗虽然记述不详，但是杜济当时对老杜有失态的地方，显而易见。老杜既然形诸诗歌，心中不能释然，也很鲜明。后来杜甫由秦入蜀，裴冕正在四川，依鲁公《神道碑》，杜济当为成都令。但杜诗中绝不提及杜济，祖孙中间似仍扞格。宝应元年（762）七月，杜甫送严武还朝，到绵州，不久徐知道就反了。那时杜济正做绵州刺史。杜诗有《送严侍郎到绵州同登杜使君江楼》，称之为杜使君也颇疏远。诗中还说："城拥朝来客，天横醉后参。穷途衰谢意，苦调短长吟。此会共能几，诸孙贤至今。不劳朱户闭，自待白河沉。"虽在称美，不无微词。注家皆不知杜使君为何许人，仅就诗知为杜甫孙行，现在也可以因鲁公碑铭补此缺憾。

同时杜甫在绵州有《观打鱼歌》和《又观打鱼》二诗，有句云："吾徒胡为纵此乐，暴殄天物圣所哀。"黄生云："诗中主人，必绵州杜使君。因诗语风切，故题讳其人。"而《海棕行》中"龙鳞犀甲相错落，苍棱白皮十抱文"，也大有自负之意，《姜楚公画角鹰歌》中"梁间燕雀休惊怕，亦未抟空上九天"，岂亦有所指乎？

据这一发现，永泰初杜甫在成都所作的《莫相疑行》《赤霄行》二诗，也就豁然可解了。不至于像一般注解，既说是指严武，又说是指郭英乂，终于说必有为而作，不知其所指了。《莫相疑行》最后四句说："晚将末契托年少，当面输心背面笑。寄谢悠悠世上儿，不争好恶莫相疑。"《赤霄行》一起头便说："孔雀未知牛有角，渴饮寒泉逢抵触。"老杜显然是被人抵触了。因为杜甫虽然是个节度参使，但是辈分高，和严武是多年诗友，老杜自己或许以为是强栖一枝，可是在有机心的人看来，却很难放心。所以老杜一说"梁间燕雀休惊怕"，再说"江中淘河吓飞燕"，都不是泛然之辞。

不过究竟不能使对方完全免除猜忌，既被抵触，就说："老翁慎莫怪少年，葛亮《贵和》书有篇。丈夫垂名动万年，记忆细故非高贤。"还不行，最后只好说："白头趋幕府，深觉负平生。"犯而不校，退出是非坑而已。所以辞幕后，杜甫也不想在成都再住——虽然有他几年辛苦经营的浣花草堂，竟自溯江东下。

严武死了以后，杜济以行军司马，知军府事。他联合郭英干、郭嘉琳——一个是都知兵马使，一个是都虞候，共同请郭英乂为节度使。结果引起崔旰之乱，郭英乂被杀。《京兆尹御史中丞梓遂杭三州刺史剑南东川节度使杜公神道碑铭》云："郭英乂之代武也，矫宣恩命,毁元宗宫为节度使宅。公(指杜济)惊其异谋,移疾不视事。今司空冀国公崔宁(指崔旰,后赐名宁)既诛英乂,请知使事,公坚卧不起。"杜济在这事变中,总算应付得好。所以后来杜鸿渐又分蜀为东、西川,杜济便成了副元帅判官,知东川节度,拜太中大夫、绵剑梓遂渝合龙普等州都防御使、梓州刺史兼御史中丞。那时杜甫正在沿江漂流,绝口不再谈这个从孙杜济。

所以杜甫和从孙杜济之间似乎始终有些龃龉,不过杜甫忠厚,没有举例出事实来罢了。

"不平者"苏涣和杜甫

高仲武《中兴间气集·苏涣》云:

> 涣本不平者,善放白弩,巴中号曰白跖。賨人患之,以比盗跖。后自知非,变节从学,乡赋擢第。累迁至御史,佐湖南幕。崔中丞瓘遇害,涣遂逾岭煽动哥舒,跋扈交广,此犹龙蛇见血,本质彰矣。三年中,作变律诗九首,上广州连帅李公勉。其文意长于讽刺,亦育陈拾遗一鳞半甲,故善之。
>
> 或曰:此子左右嬖臣,侵败王略,今著其文可歟?答曰:汉著蒯通说词,皇史录列祖君彦檄书,此大所以容细也。夫善恶必书,《春秋》至训,明言不废,孟子格言。涣者其殆类此乎?但不可弃善,亦以深戒君子之意。

杜甫的潭州诗中,有《苏大侍御访江浦赋八韵记异》,序文云:

> 苏大侍御涣，静者也，旅于江侧，不交州府之客，人事都绝久矣。肩舆江浦，忽访老夫舟楫，已而茶酒内，余请诵近诗，肯吟数首，才力素壮，辞句动人。接对明日，忆其涌思雷出，书箧几杖之外殷殷留金石声。赋八韵记异，亦见老夫倾倒于苏至矣。

其实，杜甫不只佩服苏涣的诗，在另一首《暮秋枉裴道州手札率尔遣兴寄近呈苏涣侍御》中，先说："无数将军西第成，早作丞相东山起。鸟雀苦肥秋粟菽，蛟龙欲蛰寒沙水。"说明当时鸟雀得意，蛟龙沉埋的愤激。随后又说："附书与裴因示苏，此生已愧须人扶。致君尧舜付公等，早据要路思捐躯。"无疑是以将相的地位，期望裴虬和苏涣。

大历四年（769）夏，湖南都团练观察使兼潭州刺史韦之晋卒，秋七月，以澧州刺史崔瓘代之。大历五年（770）四月，湖南兵马史臧玠杀崔瓘，据潭州为乱。苏涣入崔瓘幕，自然在这期间。杜甫避乱，《入衡州》中说：

> 剧孟七国畏，马卿四赋良。
> 门阑苏生在，勇锐白起强。
> 问罪富形势，凯歌悬否臧。
> 氛埃期必扫，蚊蚋焉能当。

这一段可以说是专指苏涣，也是向衡州刺史阳济推荐苏涣的意思。因为那时道州刺史裴虬、衡州刺史阳济、澧州刺史杨子琳各出军讨臧玠。

臧玠事变因为杨子琳受臧玠贿赂，终于糊涂结束。五月，另派辛京杲为潭州刺史、湖南观察使。臧玠如何安置，史无明文，大体不外授剑南例，姑息了事。可是杜甫似乎对臧玠很愤激，《舟中苦热遣怀奉呈阳中丞通简台省诸公》一诗中，对广州李勉说：

> 王室不肯微，凶徒略无惮。
> 此流须卒斩，神器资强干。

直到耒阳阻水，聂令以酒肉疗饥荒江时，杜甫还说：

> 人非西喻蜀，兴在北坑赵。
> 方行郴岸静，未话长沙扰。
> 崔师乞已至，澧辛用矜少。
> 问罪消息真，开颜憩亭沼。

原注云："闻崔侍御漠乞师于洪府，师已至袁州北，杨中丞琳问罪将士，自澧上达长沙。"这些正史不载，杜诗可补史之阙文。不过这所谓"否臧"，终无下文，杜甫的愤慨可知。从之，苏涣的愤慨益可知。

不久杜甫死了，苏涣入广州，高仲武所谓"三年中，作变律诗九首，上广州连帅李公勉"，便是纪实。从杜甫的向衡州刺史阳济赞扬苏涣的诗看来，苏涣去广州，也可能是杜甫介绍的。

李勉当时是广州都督、岭南节度使。可是到大历七年（772）十月，李勉除工部尚书，代之以大府卿吕崇贲。大历八年（773）九月，吕崇贲便为部将哥舒晃所杀。《资治通鉴》说："九月壬午，循州刺史哥舒晃杀岭南节度使吕崇贲，据岭南反。"即高仲武所谓"煽动哥舒，跋扈交广"了。

哥舒晃为什么杀吕崇贲，也不得其详。苏涣为什么煽动哥舒晃，更是毫无记载。总之，事实是如此而已。高仲武所说的"龙蛇见血，本质彰矣"，大概是苏涣由于激愤，把崔宁在四川、臧玠在湖南的事翻一次版而已。因为崔宁杀了剑南节度使，不只无罪，且实任剑南节度使。臧玠事虽然史文不详，大抵也是无罪。而且郭英乂、崔瓘都是新到任，吕崇贲也是新到任，不是照方炮制是什么？所以《建中实录》评论后来讨哥舒晃的事件说："自兵兴以来，诸军杀将帅而要君者多矣，皆因授其任以苟安之。其王师征讨，不失有罪，始斯役也。"不久，便以江西观察使路嗣恭讨哥舒晃。

可是从大历八年（773）命讨，直到大历十年（775）十一月，路嗣恭擢流人孟瑶、敬冕为将，孟瑶以大军当其冲，敬冕自间道轻入，才攻克广州，斩哥舒晃。哥舒晃的抗拒能力，也颇可观。

《唐诗纪事》说："涣以哥舒叛，伏诛。"哥舒晃失败，苏涣自然也"伏诛"了。这一役死人很多，《新唐书》说："斩晃及支党万余，筑尸为京观，俚洞魁宿为恶者，皆族夷之。"这一次，唐代宗不再姑息。当时河北依然混乱，吐蕃还在不时入寇。广州当时是对外贸易中心，中央财富所仰给，所以不能不争。我们看路嗣恭平广州以后，《旧唐书》说："商舶之徒，多因晃事诛之，嗣恭前后没其家财宝数百万贯，尽入私室，不以贡献。代宗心甚衔之，故嗣恭虽有平方面功，止转检校兵部尚书，无所酬劳。"

苏涣本是巴蜀间一刀客，剽盗客商。旋变节读书，中进士为御史。后复旅居潭州，做一个静者，做一个诗人。继参戎幕，终于佐哥舒晃叛五岭。一生事迹很奇怪，但是仔细研究，都各有其原因。高仲武说他是"不平者"，差近事实。

《唐书·艺文志》有苏涣诗一卷。现在我们能从《中兴间气集》和《唐诗纪事》中见到他的变律诗九首之三：

日月东西行，寒暑冬夏易。
阴阳无停机，造化渺莫测。
开目为晨光，闭目为夜色。
一开复一闭，明晦无休息。
居然六合内，旷哉天地德。
天地且不言，世人浪喧喧。

毒蜂成一窠，高挂恶木枝。
行人百步外，目动魂亦飞。
长安大道边，挟弹谁家儿。
右手持金丸，引满无所疑。
一中纷下来，势若风雨随。

>   身如万箭攒，宛转迷所之。
>   徒有疾恶心，奈何不知几。
>
>   养蚕为素丝，叶尽蚕不老。
>   倾筐对空林，此意向谁道。
>   一女不得织，万夫受其寒。
>   一夫不得意，四海行路难。
>   祸亦不在大，福亦不在先。
>   世路险孟门，吾徒当勉旃。

自从安禄山乱后，天地腥膻。李白所谓"流血涂野草，豺狼尽冠缨"，杜甫也说"鸟雀苦肥秋粟菽，蛟龙欲蛰寒沙水"，无怪苏涣要说"一夫不得意，四海行路难"了！

杜甫年谱

杜甫年谱,宋朝人作的,有吕大防、蔡兴宗、鲁訔、赵子栎、黄鹤诸家;《唐诗纪事谱》,大略和吕谱相同。明初有单复之谱,清朝有钱谦益、朱鹤龄、顾宸诸谱,后又有仇兆鳌修正过的朱谱、浦起龙的《少陵编年诗目谱》。现在就仇、浦二谱,参合传文,造一简谱,作为读者读本传的一个参考。

712年(玄宗先天元年,即睿宗景云三年,正月改元太极,五月改元延和,八月玄宗继位,改元先天)

杜甫生于河南巩县东二里之瑶湾。

713年(玄宗开元元年,即先天二年,七月归政于帝,十二月改元)

杜甫二岁。

718年(开元六年)

杜甫七岁。

《壮游》诗云:"七龄思即壮,开口咏凤凰。"又《进雕赋表》云:"自七岁所缀诗笔,向四十载矣,约千有余篇。"

720年(开元八年)

杜甫九岁。

《壮游》诗云:"九龄书大字,有作成一囊。"

726年(开元十四年)

杜甫十五岁。

《壮游》诗云:"往昔十四五,出游翰墨场。斯文崔魏徒,以我似班扬。"《百忧集行》云:"忆年十五心尚孩,健如黄犊走复来。庭前八月梨枣熟,一日上树能千回。"

730年(开元十八年)

杜甫十九岁。始游晋,至郇瑕,与韦之晋、寇锡同游。

731年(开元十九年)

杜甫二十岁。游吴越,过金陵,下姑苏,渡浙江,泛剡溪。

735年(开元二十三年)

杜甫二十四岁。自吴越归,赴京兆贡举,不第。

737年(开元二十五年)

杜甫二十六岁。游齐赵。

741年(开元二十九年)

杜甫三十岁。在东都。

742年(天宝元年,正月改元)

杜甫三十一岁。在东都。

744年(天宝三载,正月改年为载)

杜甫三十三岁。在东都。

745年（天宝四载）

杜甫三十四岁。再游齐鲁。

746年（天宝五载）

杜甫三十五岁。归长安。

747年（天宝六载）

杜甫三十六岁。应诏退下，留长安。

748年（天宝七载）

杜甫三十七岁。在长安。

749年（天宝八载）

杜甫三十八岁。在长安，间至东都。

750年（天宝九载）

杜甫三十九岁。在长安。

751年（天宝十载）

杜甫四十岁。在长安，进《三大礼赋》，玄宗奇之，命待制集贤院。

752年（天宝十一载）

杜甫四十一岁。在长安，召试文章，送隶有司，参列选序。

753年（天宝十二载）

杜甫四十二岁。在长安。

754年（天宝十三载）

杜甫四十三岁。在长安，进《封西岳赋》。

755年（天宝十四载）

杜甫四十四岁。授河西尉，不拜。改右卫率府胄曹参军。十一月，往奉先。

756年（肃宗至德元载，即天宝十五载。七月，肃宗即位灵武，改元）

杜甫四十五岁。五月，自奉先往白水。六月，又自白水往鄜州。闻肃宗即位，自鄜奔行在，遂陷贼中，羁长安。

757年（至德二载）

杜甫四十六岁。四月，脱贼，谒上凤翔，拜左拾遗。疏救房琯，上怒，诏三司推问。宰相张镐救之，获免。八月，墨制放还鄜州省家。冬，上还西京，乃自鄜至京，仍任左拾遗。

758年（乾元元年，二月改元，复以载为年）

杜甫四十七岁。六月，出为华州司功。冬晚，间至东都。

759年（乾元二年）

杜甫四十八岁。春，自东都回华州。关辅饥，七月，弃官西去。度陇，客秦州，卜西枝村置草堂，未成。十月，往同谷。十二月，入蜀，至成都。

760年（上元元年，闰四月改元）

杜甫四十九岁。在成都，卜居浣花溪。

761年（上元二年，九月，去年号，止称元年，以十一月为岁首，以斗所建辰为名）

杜甫五十岁。在成都，间至蜀州之新津、青城。

762年（代宗宝应元年，建巳月，代宗即位，改元，复以正月为岁首，建巳月为四月）

杜甫五十一岁。在成都。七月送严武还朝，到绵州。会西川兵马使徐知道反，因入梓州。冬，迎家至梓。十二月，往射洪、通泉，皆梓属邑。

763年（广德元年，七月改元）

杜甫五十二岁。在梓州。春，间往汉州。秋，往阆州。冬晚，复回梓州。召补京兆功曹，不赴。

764年（广德二年）

杜甫五十三岁。春，复自梓州往阆州。严武再镇蜀，春末，遂归成都草堂。六月，武表为节度参谋、检校工部员外郎，赐绯鱼袋。

765年（永泰元年，正月改元）

杜甫五十四岁。正月，辞幕府，归草堂。四月，严武卒。归草堂不久，遂离蜀南下，经戎州，至渝州。六月，至忠州。秋，至云安，居之。

766年（大历元年，十一月改元）

杜甫五十五岁。春，自云安至夔州，居之。秋，寓西阁。

767年（大历二年）

杜甫五十六岁。在夔州。春，迁居赤甲。三月，迁瀼西。秋，迁东屯。未几，复自东屯归瀼西。

768年（大历三年）

杜甫五十七岁。去夔出峡，三月，至江陵。秋，移居公安。冬晚，之岳州。自是不常所处，舟居为多。

769年（大历四年）

杜甫五十八岁。正月，自岳州之潭州。未几，入衡州。夏，复回潭州。

770年（大历五年）

杜甫五十九岁。春，在潭州。夏四月，避臧玠乱，入衡州。欲如郴州，依舅氏崔伟。至耒阳，不果。秋，舟下荆楚，欲北还，未遂，竟以旅卒。

杜集编目

《杜工部集》 二十卷 宋代王琪编

　　杜诗虽经北宋诸公苏舜钦、王安石等搜集，然未甚备。至王原叔集当时所谓古本、蜀本、樊晃小集、孙光宪序本、郑文宝序本，以及集略、别题小集、杂编等，参校编摭，合古诗近体及赋笔杂录都二十卷，于是杜诗始蔚然可观。然原叔本未甚流布，嘉祐间王琪守姑苏，与进士何瑑、丁修，得原叔家藏，合诸本参考，遂镂于版。此或有吾人所读杜诗云原始刊本。

《增注杜工部诗》 宋代王彦辅撰

　　书成于政和三年（1113），序云子澂、孙端仁参夫讨绎。杜诗注缉之刊行，或以此为首。

《杜少陵诗音义》 宋代郑卬撰

　　序称杜诗："比类赋象，浑涵天成。奇文险句，厌人目力。读者未始不以搜寻训切为病。卬近因与二三友质问，爰就隐奥处，著为音义。至夫人物地理，古今传志，咸极讨论。"

《杜工部集》　宋代吴若集

朱鹤龄谓世所传杜集，若本为最古。此本建康府学所刻版也。

《后记》云："教授刘常今亘，初得府帅端明李公本，以为善，又得抚属姚令威宽所传故吏部鲍钦止本，较定之。末得若本，以为无憾焉。"刊行于绍兴三年（1133）。

《校定杜工部集》　二十二卷　宋代黄长睿编

李纲序云："乃用东坡之说，随年编纂，以古律相参，先后始末，皆有次第。然后子美之出处及少壮老成之作，粲然可观。"杜诗编年，当以此本为始，后鲁訔、黄鹤始踵为之。李纲序在绍兴六年（1136）。

《编次杜工部诗》　宋代鲁訔编

自序谓"离而序之，次其先后"，"谱叙注释"，"因旧集略加编次"。书成于绍兴癸酉（1153）五月。

《杜诗注》　四十九卷　宋代赵次公撰

《校定集注杜诗》　三十六卷　宋代郭知达编

《四库·集部》著录，标题《九家集注杜诗》。自序谓："缉善本，得王文公安石、宋景文公祁、豫章黄先生庭坚、王原叔洙、薛梦符□、杜时可田、鲍文虎彪、师民瞻尹、赵彦材次公，凡九家……各随是非而去取之。"序作于淳熙八年（1181）。

又有曾噩重刻本，序作于宝庆元年（1225）。陈振孙称噩刊版于五羊漕司。

严羽《沧浪诗话》：旧蜀本杜诗，并无注释，但编年而不分古近体，其间略有公自注而已。今之豫章库本，以为翻镇江蜀本，既入杂注，又分古律，其编年亦且不同。近南海漕台刊杜集（按：此当为曾噩重刻本）亦以为摹蜀本（按：郭知达成都人，此蜀本当即郭本），虽删去假坡注，尚有王原叔以下九家，而赵注比他本最详（按：赵注之所以特详，因赵有杜诗注也。其他各家即或注杜，未见单集别行），皆非蜀旧本也。

《杜工部草堂诗笺》 宋代蔡梦弼撰

跋称"博求唐宋诸本"，"重复参校，仍用嘉兴鲁氏编次其岁月之先后，以为定本"，"凡诸家义训皆采录集中"。据原序，所校本文，则取之唐樊晃本，后晋开运间官本，欧阳公、苏子瞻、宋子京、陈无己、黄鲁直。其刊正同异，则取之王原叔、张文潜、蔡君谟、晁以道及唐之顾陶本。其采辑诸说，则用宋次道、崔德符、鲍钦止、王禹玉、王深父、薛梦符、薛仓舒、蔡天启、蔡致远、蔡伯世，及徐居仁、谢任伯、吕祖谦、高元之、赵子栎、赵次翁、杜修可、杜立之、师古、师民瞻云。

《黄氏补注杜诗》 三十六卷 宋代黄希、黄鹤编

黄希为之未竟而卒，其子鹤续成之。书首原题《补千家集注杜

工部诗史》。盖当时坊行原有《千家注》本，鹤特因而广之，故以补注为名。其郭知达九家注，蔡梦弼草堂诗笺视鹤本成书稍前〔鹤书成于嘉定丙子（1216）〕而注内无一字引及，殆流传未广，偶未之见也。

《集千家注杜诗》 二十卷 不著编辑人名氏

前载王洙、王安石、胡宗愈、蔡梦弼四序。其句下篇末诸评，悉刘辰翁之语。宋荦谓杜诗评点自刘辰翁始，刘本无注。元大德间有高楚芳者，删存诸注，以刘评附之。此本疑即楚芳编也。

《分门集注杜工部诗》 二十五卷 不著编辑人名氏

卷前列王洙等叙记传赞，次门类集注姓氏。商务四部丛刊据南海潘氏藏本翻印。大抵宋时坊本也。

《杜诗集注编年诗史》 三十二卷 旧题王十朋编

此或即黄鹤据以补注，当时坊行之千家诗注本也。

《杜诗举隅》 元代俞季渊撰

宋濂序云：会稽俞先生季渊以卓绝之识，脱略众说，独法序《诗》者之意，各析章句，具举众义，于是粲然可观，有不假辞说而自明。呜呼，释子美诗者，至是可以无遗憾矣。

《杜律注》 二卷 旧题元代虞集撰

是编所注杜诗，凡七言近体一百四十九首。曹安谓元进士临川张伯成著杜律演义，往往误以为虞伯生。李东阳亦云："徐竹轩以道，尝谓予曰：'杜律非虞伯生注，宣德初已有刊本，乃张姓某人注。'"

《杜诗捃》 四卷 明代唐元竑撰

是编乃其读杜诗时所札记。所阅盖《千家注》本，因其中附载刘辰翁评，故多驳正辰翁语。

《读杜愚得》 十八卷 明代单复撰

前有宣德九年（1434）黄淮序，称杨士奇得其本于湖湘，以授江阴朱善庆兄弟刻之。编前冠以新定年谱。

《杜诗通》 十六卷；《本义》 四卷 明代张綖注

是编因清江范德机批点杜诗三百十一篇。《本义》四卷，皆释七言律诗。

《杜律意注》 二卷 明代赵统撰

是编诠释杜甫七言律诗。凡例称所见杜诗，惟虞注二卷。

《杜诗钞述注》 十六卷 明代林兆珂撰

自叙以为博撷群书，增释未备。时或附以已见，分体选注。

《杜律意笺》 二卷 明代颜廷榘撰

是编取杜甫诗七言律一百五十一首，先用疏释，次加证引。名曰意笺，盖取以意逆志之义。

《杜诗分类》 五卷 明代傅振商撰

杜诗分类，始于《千家注》本，此则因之小有更定而已。

《杜诗解》 八卷 明代杨德周撰

是编裒集诗家之论杜诗者为第一篇，盖即蔡梦弼《草堂诗话》之意。

《杜诗注评》 二卷 明代陈与郊撰

是编因元张性《杜律演义》，略施评点，并加旁批。

《杜诗说》 十二卷 清代黄生撰

此书以杜诗分体注释，于句法字法，皆逐一为之剖别。大旨谓前人注杜，求之太深，皆出于私臆，故著此以辟其谬。

《读书堂杜诗注解》 二十卷 清代张溍撰

是编以《千家注》为本，节其冗复。凡称原注者，皆《千家注》。每诗下评语及圈点，则溍所增入也。自称阅二十四寒暑，五易稿而成。

《杜诗会稡》 二十四卷 清代张远撰

是书采诸家之注而成。其分析段落，训释文意，颇便初学，然不免寻行数墨。诗依年谱编次。

《杜诗论文》 五十六卷 清代吴见思撰

据其凡例，盖拟举杜诗典故，别为一书，名曰《杜诗论事》。此编但诠释作意，谓之《杜诗论文》。

《杜诗阐》 三十三卷 清代卢元昌撰

自序称杜诗有因注而显者，有因注反晦者。一晦于训诂之太杂，一晦于讲解之太凿，一晦于援引之太繁；反是者，又为肤浅凡庸之词曰"吾以杜注杜也则太陋"。然其注如《四书讲章》，其评亦如时文批语。说诗不当如是，说杜诗尤不当如是也。

《杜律疏》 八卷 清代纪容舒撰

此书因顾宸所撰《辟疆园杜诗注解》繁碎太甚，又多穿凿，乃汰其芜杂，参以己意，以成。

《杜诗详注》 二十五卷；《附编》 二卷 清代仇兆鳌撰

是书乃康熙三十二年（1693），仇为编修时所奏进。自序谓：臣于是集，矻矻穷年，先挈领提纲以疏其脉络，复广搜博征，以讨其典故。汰旧注之揎酿丛脞，辩新说之穿凿支离。夫亦据孔孟之论诗者以解杜，而非敢凭臆见为揣测也。

《读杜心解》 六卷　清代浦起龙撰

此书虽曰六卷，而每卷各分子卷，实二十六卷。于分体中又复编年，赋及杂文，散附各诗之后。另附少陵编年诗目谱一编列之卷首。自谓事起辛丑夏五，期而稿削，又八月而稿一易，又十一月稿再易，寒暑晦明，居游动息，必于是焉，勿敢废也。雍正二年（1724）书成。

此目凡唐五代及北宋初年钞本，概未著录。王琪本以来，不过就宋人杜序及四库书目提要，粗为钞撮。其遗漏者即以仇本凡例所引校之，尚有元赵汸之《选注》、明邵宝之《集注》、清张绖之《杜古》、谢省之《古律选注》、王维桢之《杜律颇解》、周甸之《会通杜释》、邵傅之《五律集解》、刘逴之《类选》、唐汝询之《诗解》、王嗣奭之《杜臆》、王道俊之《博议》、郑侯升之《卮言》、顾宸之《律注》、李长祚之《评注》、朱瀚之《七律解意》、洪仲之《律注》、全大镛之《汇解》、申涵光之《说杜》，以及钱谦益、朱鹤龄两家注，近人著述，更无论矣。山居无书，徒呼负负。广为搜辑，俟诸异日。

旧唐书·杜甫传（节选）

杜甫，字子美，本襄阳人，后徙①河南巩县。曾祖依艺，位终巩令。祖审言，位终膳部员外郎，自有传。父闲，终奉天令。

甫天宝初应进士不第②。天宝末，献《三大礼赋》。玄宗奇③之，召试文章，授京兆府兵曹参军。

十五载，禄山陷京师，肃宗征兵灵武。甫自京师宵遁④赴河西，谒⑤肃宗于彭原郡，拜⑥右拾遗。房琯布衣⑦时与甫善，时琯为宰相，请自帅师讨贼，帝许之。其年十月，琯兵败于陈涛斜。明年⑧春，琯罢相。甫上疏言琯有才，不宜罢免。肃宗怒，贬琯为刺史，出甫为华州司功参军。时关畿⑨乱离，谷食踊贵⑩，甫寓居成州同谷县，自负薪采梠⑪，儿女饿殍者数人。久之，召补京兆府功曹。

上元二年冬，黄门侍郎、郑国公严武镇成都，奏为节度参谋、检校尚书工部员外郎，赐绯鱼袋。武与甫世旧，待遇甚隆。甫性褊⑫躁，无器度，恃恩放恣。尝凭醉登武之床，瞪视武曰："严挺之乃⑬有此儿！"武虽急暴，不以为忤。

甫于成都浣花里种竹植树，结庐枕⑭江，纵酒啸咏，与田畯野老相狎⑮荡，无拘检。严武过⑯之，有时不冠⑰，其傲诞如此。永泰元年夏，武卒，甫无所依。

及郭英乂代武镇成都，英乂武人粗暴，无能刺谒⑱，乃游东蜀依高适。既至而适卒。是岁，崔宁杀英乂，杨子琳攻西川，蜀中大乱。甫以其家避乱荆、楚，扁舟下峡，未维舟⑲而江陵乱，乃溯沿湘流，游衡山，寓居耒阳。甫尝游岳庙，为暴水所阻，旬⑳日不得食。耒阳聂令知之，自棹舟㉑迎甫而还。永泰二年，啖牛肉白酒，一夕而卒于耒阳，时年五十九。

子宗武，流落湖、湘而卒。元和中，宗武子嗣业，自耒阳迁甫之柩，归葬于偃师县西北首阳山之前。

注释

① 徙：迁移。
② 不第：科举考试不中。
③ 奇：惊异。
④ 遁：逃走。
⑤ 谒：拜见。
⑥ 拜：旧时用一定的礼节授予官职。
⑦ 布衣：指平民。
⑧ 明年：第二年。
⑨ 关畿：犹京畿。指国都和国都附近的地方。
⑩ 踊贵：物价上涨。
⑪ 稆（lǚ）：通"稆"，野生的谷物。
⑫ 褊（biǎn）：气量小，心胸狭窄。
⑬ 乃：竟，竟然。

⑭ 枕：靠近。
⑮ 狎（xiá）：亲昵。
⑯ 过：拜访，探望。
⑰ 冠：戴帽子。
⑱ 刺谒：投名刺以求见。
⑲ 维舟：系船停泊。
⑳ 旬：十天。
㉑ 棹舟：划船。

新唐书·杜甫传（节选）

甫，字子美，少贫不自振①，客②吴越、齐赵间。李邕奇其材，先往见之。举进士，不中第，困长安。

天宝十三载，玄宗朝献太清宫，飨③庙及郊，甫奏④赋三篇。帝奇之，使待制集贤院，命宰相试⑤文章，擢⑥河西尉，不拜，改右卫率府胄曹参军。

数上赋颂，因高自称道，且言："先臣恕、预以来，承儒守官十一世，迨⑦审言，以文章显中宗时。臣赖绪业，自七岁属辞，且四十年，然衣不盖体，常寄食于人，窃⑧恐转死沟壑，伏惟天子哀怜之。若令执先臣故事⑨，拔泥涂之久辱，则臣之述作，虽不足鼓吹《六经》，至沈郁顿挫，随时敏给，扬雄、枚皋可企及也。有臣如此，陛下其忍弃之？"

会⑩禄山乱，天子入蜀，甫避走三川。肃宗立，自鄜州羸服欲奔行在，为贼所得。至德二年，亡走⑪凤翔，上谒⑫，拜右拾遗。

与房琯为布衣交，琯时败陈涛斜，又以客董廷兰，罢宰相。甫上疏言："罪细⑬，不宜免大臣。"帝怒，诏三司杂问。宰相张镐曰:"甫若抵罪,绝言者路。"帝乃解⑭。……时所在⑮寇夺,甫家寓鄜,弥年艰窭⑯,孺弱至饿死,因许甫自往省视。从还京师,出为华州司功参军。关辅饥,辄⑰弃官去。客秦州,负薪采橡栗自给。

流落剑南,结庐成都西郭。召补京兆功曹参军,不至。会严武节度剑南东、西川,往依焉。武再帅剑南,表为参谋,检校工部员外郎。武以世旧,待甫甚善,亲入其家。甫见之,或时不巾,而性褊躁傲诞,尝醉登武床,瞪视曰:"严挺之乃有此儿!"武亦暴猛,外若不为忤,中衔⑱之。一日,欲杀甫,及梓州刺史章彝,集吏于门。武将出,冠钩于帘三,左右白其母,奔救得止,独杀彝。

武卒,崔旰等乱,甫往来梓、夔间。大历中,出瞿唐,下江陵,溯沅、湘以登衡山。因客耒阳,游岳祠,大水遽至,涉旬不得食。县令具⑲舟迎之,乃得还。令尝馈牛炙白酒,大醉,一昔⑳卒,年五十九。

甫旷放不自检,好论天下大事,高而不切。少与李白齐名,时号"李杜"。……数尝㉑寇乱,挺节无所污,为歌诗,伤时桡弱㉒,情不忘君,人怜其忠云。

注释

①振:"赈"的本字,救济。
②客:客居,漂泊。
③飨:祭献。
④奏:呈献。
⑤试:考试;检验。

⑥擢：提拔。
⑦迨（dài）：等到。
⑧窃：犹私。常用作表示个人意见的谦辞。
⑨故事：旧业。
⑩会：恰逢。
⑪亡走：逃亡，逃到。
⑫上谒：谓通名请求进见尊贵者。这里指觐见皇上。
⑬细：小，轻微。
⑭解：指怒气消解。
⑮所在：到处。
⑯窭（jù）：贫穷，贫困。
⑰辄：就。
⑱衔：这里指怀恨。
⑲具：准备。
⑳昔：通"夕"，夜晚。
㉑尝：经历。
㉒桡（náo）弱：衰败，衰落。

杜甫诗选

望岳

岱宗夫如何,齐鲁青未了。
造化钟神秀,阴阳割昏晓。
荡胸生曾云,决眦入归鸟。
会当凌绝顶,一览众山小。

登兖州城楼

东郡趋庭日,南楼纵目初。
浮云连海岱,平野入青徐。
孤嶂秦碑在,荒城鲁殿余。
从来多古意,临眺独踌躇。

赠李白

二年客东都,所历厌机巧。
野人对腥膻,蔬食常不饱。

岂无青精饭，使我颜色好。

苦乏大药资，山林迹如扫。

李侯金闺彦，脱身事幽讨。

亦有梁宋游，方期拾瑶草。

赠李白

秋来相顾尚飘蓬，未就丹砂愧葛洪。

痛饮狂歌空度日，飞扬跋扈为谁雄？

与李十二白同寻范十隐居

李侯有佳句，往往似阴铿。

余亦东蒙客，怜君如弟兄。

醉眠秋共被，携手日同行。

更想幽期处，还寻北郭生。

入门高兴发，侍立小童清。

落景闻寒杵，屯云对古城。

向来吟《橘颂》，谁与讨莼羹？

不愿论簪笏，悠悠沧海情。

冬日有怀李白

寂寞书斋里，终朝独尔思。

更寻嘉树传，不忘《角弓》诗。

短褐风霜入，还丹日月迟。

未因乘兴去，空有鹿门期。

春日忆李白

白也诗无敌，飘然思不群。
清新庾开府，俊逸鲍参军。
渭北春天树，江东日暮云。
何时一樽酒，重与细论文？

奉赠韦左丞丈二十二韵

纨袴不饿死，儒冠多误身。
丈人试静听，贱子请具陈。
甫昔少年日，早充观国宾。
读书破万卷，下笔如有神。
赋料扬雄敌，诗看子建亲。
李邕求识面，王翰愿卜邻。
自谓颇挺出，立登要路津。
致君尧舜上，再使风俗淳。
此意竟萧条，行歌非隐沦。
骑驴十三载，旅食京华春。
朝扣富儿门，暮随肥马尘。
残杯与冷炙，到处潜悲辛。
主上顷见征，欻然欲求伸。
青冥却垂翅，蹭蹬无纵鳞。

甚愧丈人厚，甚知丈人真。

每于百僚上，猥诵佳句新。

窃效贡公喜，难甘原宪贫。

焉能心怏怏，只是走踆踆？

今欲东入海，即将西去秦。

尚怜终南山，回首清渭滨。

常拟报一饭，况怀辞大臣。

白鸥没浩荡，万里谁能驯？

饮中八仙歌

知章骑马似乘船，眼花落井水底眠。

汝阳三斗始朝天，道逢麹车口流涎，恨不移封向酒泉。

左相日兴费万钱，饮如长鲸吸百川，衔杯乐圣称避贤。

宗之潇洒美少年，举觞白眼望青天，皎如玉树临风前。

苏晋长斋绣佛前，醉中往往爱逃禅。

李白一斗诗百篇，长安市上酒家眠，

天子呼来不上船，自称臣是酒中仙。

张旭三杯草圣传，脱帽露顶王公前，挥毫落纸如云烟。

焦遂五斗方卓然，高谈雄辩惊四筵。

同诸公登慈恩寺塔

高标跨苍穹，烈风无时休。

自非旷士怀，登兹翻百忧。

方知象教力,足可追冥搜。

仰穿龙蛇窟,始出枝撑幽。

七星在北户,河汉声西流。

羲和鞭白日,少昊行清秋。

秦山忽破碎,泾渭不可求。

俯视但一气,焉能辨皇州。

回首叫虞舜,苍梧云正愁。

惜哉瑶池饮,日晏昆仑丘。

黄鹄去不息,哀鸣何所投。

君看随阳雁,各有稻粱谋。

兵车行

车辚辚,马萧萧,行人弓箭各在腰。

耶娘妻子走相送,尘埃不见咸阳桥。

牵衣顿足拦道哭,哭声直上干云霄。

道傍过者问行人,行人但云点行频。

或从十五北防河,便至四十西营田。

去时里正与裹头,归来头白还戍边。

边庭流血成海水,武皇开边意未已。

君不闻,汉家山东二百州,千村万落生荆杞。

纵有健妇把锄犁,禾生陇亩无东西,

况复秦兵耐苦战,被驱不异犬与鸡。

长者虽有问,役夫敢申恨?

且如今年冬，未休关西卒。

县官急索租，租税从何出？

信知生男恶，反是生女好。

生女犹得嫁比邻，生男埋没随百草。

君不见，青海头，古来白骨无人收。

新鬼烦冤旧鬼哭，天阴雨湿声啾啾！

前出塞九首

其一

戚戚去故里，悠悠赴交河。

公家有程期，亡命婴祸罗。

君已富土境，开边一何多。

弃绝父母恩，吞声行负戈。

其二

出门日已远，不受徒旅欺。

骨肉恩岂断，男儿死无时。

走马脱辔头，手中挑青丝。

捷下万仞冈，俯身试搴旗。

其三

磨刀呜咽水，水赤刃伤手。

欲轻肠断声，心绪乱已久。

丈夫誓许国，愤惋复何有。
功名图麒麟，战骨当速朽。

其四

送徒既有长，远戍亦有身。
生死向前去，不劳吏怒瞋。
路逢相识人，附书与六亲。
哀哉两决绝，不复同苦辛。

其五

迢迢万里余，领我赴三军。
军中异苦乐，主将宁尽闻。
隔河见胡骑，倏忽数百群。
我始为奴仆，几时树功勋。

其六

挽弓当挽强，用箭当用长。
射人先射马，擒贼先擒王。
杀人亦有限，立国自有疆。
苟能制侵陵，岂在多杀伤。

其七

驱马天雨雪，军行入高山。
径危抱寒石，指落曾冰间。
已去汉月远，何时筑城还？

浮云暮南征，可望不可攀。

其八

单于寇我垒，百里风尘昏。
雄剑四五动，彼军为我奔。
虏其名王归，系颈授辕门。
潜身备行列，一胜何足论。

其九

从军十年余，能无分寸功。
众人贵苟得，欲语羞雷同。
中原有斗争，况在狄与戎。
丈夫四方志，安可辞固穷。

丽人行

三月三日天气新，长安水边多丽人。
态浓意远淑且真，肌理细腻骨肉匀。
绣罗衣裳照暮春，蹙金孔雀银麒麟。
头上何所有？翠微䲶叶垂鬓唇。
背后何所见？珠压腰衱稳称身。
就中云幕椒房亲，赐名大国虢与秦。
紫驼之峰出翠釜，水精之盘行素鳞。
犀箸厌饫久未下，鸾刀缕切空纷纶。
黄门飞鞚不动尘，御厨络绎送八珍。

箫管哀吟感鬼神，宾从杂遝实要津。
后来鞍马何逡巡，当轩下马入锦茵。
杨花雪落覆白蘋，青鸟飞去衔红巾。
炙手可热势绝伦，慎莫近前丞相嗔。

自京赴奉先县咏怀五百字

杜陵有布衣，老大意转拙。
许身一何愚，窃比稷与契。
居然成濩落，白首甘契阔。
盖棺事则已，此志常觊豁。
穷年忧黎元，叹息肠内热。
取笑同学翁，浩歌弥激烈。
非无江海志，萧洒送日月。
生逢尧舜君，不忍便永诀。
当今廊庙具，构厦岂云缺？
葵藿倾太阳，物性固难夺。
顾惟蝼蚁辈，但自求其穴。
胡为慕大鲸，辄拟偃溟渤？
以兹误生理，独耻事干谒。
兀兀遂至今，忍为尘埃没。
终愧巢与由，未能易其节。
沉饮聊自遣，放歌破愁绝。
岁暮百草零，疾风高冈裂。

天衢阴峥嵘，客子中夜发。
霜严衣带断，指直不能结。
凌晨过骊山，御榻在嵽嵲。
蚩尤塞寒空，蹴蹋崖谷滑。
瑶池气郁律，羽林相摩戛。
君臣留欢娱，乐动殷胶葛。
赐浴皆长缨，与宴非短褐。
彤庭所分帛，本自寒女出。
鞭挞其夫家，聚敛贡城阙。
圣人筐篚恩，实愿邦国活。
臣如忽至理，君岂弃此物。
多士盈朝廷，仁者宜战栗。
况闻内金盘，尽在卫霍室。
中堂有神仙，烟雾蒙玉质。
煖客貂鼠裘，悲管逐清瑟。
劝客驼蹄羹，霜橙压香橘。
朱门酒肉臭，路有冻死骨。
荣枯咫尺异，惆怅难再述。
北辕就泾渭，官渡又改辙。
群水从西下，极目高崒兀。
疑是崆峒来，恐触天柱折。
河梁幸未坼，枝撑声窸窣。
行李相攀援，川广不可越。

老妻寄异县,十口隔风雪。
谁能久不顾?庶往共饥渴。
入门闻号咷,幼子饥已卒。
吾宁舍一哀,里巷亦呜咽。
所愧为人父,无食致夭折。
岂知秋禾登,贫窭有仓卒。
生常免租税,名不隶征伐。
抚迹犹酸辛,平人固骚屑。
默思失业徒,因念远戍卒。
忧端齐终南,澒洞不可掇。

后出塞五首

其一

男儿生世间,及壮当封侯。
战伐有功业,焉能守旧丘。
召募赴蓟门,军动不可留。
千金装马鞭,百金装刀头。
闾里送我行,亲戚拥道周。
斑白居上列,酒酣进庶羞。
少年别有赠,含笑看吴钩。

其二

朝进东门营,暮上河阳桥。

落日照大旗，马鸣风萧萧。
平沙列万幕，部伍各见招。
中天悬明月，令严夜寂寥。
悲笳数声动，壮士惨不骄。
借问大将谁，恐是霍嫖姚。

其三
古人重守边，今人重高勋。
岂知英雄主，出师亘长云。
六合已一家，四夷且孤军。
遂使貔虎士，奋身勇所闻。
拔剑击大荒，日收胡马群。
誓开玄冥北，持以奉吾君。

其四
献凯日继踵，两蕃静无虞。
渔阳豪侠地，击鼓吹笙竽。
云帆转辽海，粳稻来东吴。
越罗与楚练，照耀舆台躯。
主将位益崇，气骄凌上都。
边人不敢议，议者死路衢。

其五
我本良家子，出师亦多门。

将骄益愁思，身贵不足论。
跃马二十年，恐辜明主恩。
坐见幽州骑，长驱河洛昏。
中夜间道归，故里但空村。
恶名幸脱免，穷老无儿孙。

月夜

今夜鄜州月，闺中只独看。
遥怜小儿女，未解忆长安。
香雾云鬟湿，清辉玉臂寒。
何时倚虚幌，双照泪痕干？

对雪

战哭多新鬼，愁吟独老翁。
乱云低薄暮，急雪舞回风。
瓢弃樽无绿，炉存火似红。
数州消息断，愁坐正书空。

哀江头

少陵野老吞声哭，春日潜行曲江曲。
江头宫殿锁千门，细柳新蒲为谁绿。
忆昔霓旌下南苑，苑中万物生颜色。
昭阳殿里第一人，同辇随君侍君侧。

辇前才人带弓箭,白马嚼啮黄金勒。
翻身向天仰射云,一笑正坠双飞翼。
明眸皓齿今何在?血污游魂归不得。
清渭东流剑阁深,去住彼此无消息。
人生有情泪沾臆,江草江花岂终极。
黄昏胡骑尘满城,欲往城南望城北。

羌村三首

其一

峥嵘赤云西,日脚下平地。
柴门鸟雀噪,归客千里至。
妻孥怪我在,惊定还拭泪。
世乱遭飘荡,生还偶然遂。
邻人满墙头,感叹亦歔欷。
夜阑更秉烛,相对如梦寐。

其二

晚岁迫偷生,还家少欢趣。
娇儿不离膝,畏我复却去。
忆昔好追凉,故绕池边树。
萧萧北风劲,抚事煎百虑。
赖知禾黍收,已觉糟床注。
如今足斟酌,且用慰迟暮。

其三

群鸡正乱叫，客至鸡斗争。

驱鸡上树木，始闻叩柴荆。

父老四五人，问我久远行。

手中各有携，倾榼浊复清。

莫辞酒味薄，黍地无人耕。

兵革既未息，儿童尽东征。

请为父老歌，艰难愧深情。

歌罢仰天叹，四座泪纵横。

北征

皇帝二载秋，闰八月初吉。

杜子将北征，苍茫问家室。

维时遭艰虞，朝野少暇日。

顾惭恩私被，诏许归蓬荜。

拜辞诣阙下，怵惕久未出。

虽乏谏诤姿，恐君有遗失。

君诚中兴主，经纬固密勿。

东胡反未已，臣甫愤所切。

挥涕恋行在，道途犹恍惚。

乾坤含疮痍，忧虞何时毕。

靡靡逾阡陌，人烟眇萧瑟。

所遇多被伤，呻吟更流血。

回首凤翔县，旌旗晚明灭。

前登寒山重，屡得饮马窟。

邠郊入地底，泾水中荡潏。

猛虎立我前，苍崖吼时裂。

菊垂今秋花，石带古车辙。

青云动高兴，幽事亦可悦。

山果多琐细，罗生杂橡栗。

或红如丹砂，或黑如点漆。

雨露之所濡，甘苦齐结实。

缅思桃源内，益叹身世拙。

坡陀望鄜畤，岩谷互出没。

我行已水滨，我仆犹木末。

鸱鸟鸣黄桑，野鼠拱乱穴。

夜深经战场，寒月照白骨。

潼关百万师，往者散何卒。

遂令半秦民，残害为异物。

况我堕胡尘，及归尽华发。

经年至茅屋，妻子衣百结。

恸哭松声回，悲泉共幽咽。

平生所娇儿，颜色白胜雪。

见耶背面啼，垢腻脚不袜。

床前两小女，补绽才过膝。

海图坼波涛，旧绣移曲折。
天吴及紫凤，颠倒在短褐。
老夫情怀恶，呕泄卧数日。
那无囊中帛，救汝寒凛栗。
粉黛亦解苞，衾裯稍罗列。
瘦妻面复光，痴女头自栉。
学母无不为，晓妆随手抹。
移时施朱铅，狼藉画眉阔。
生还对童稚，似欲忘饥渴。
问事竞挽须，谁能即瞋喝。
翻思在贼愁，甘受杂乱聒。
新归且慰意，生理焉得说。
至尊尚蒙尘，几日休练卒。
仰观天色改，坐觉袄氛豁。
阴风西北来，惨澹随回纥。
其王愿助顺，其俗善驰突。
送兵五千人，驱马一万匹。
此辈少为贵，四方服勇决。
所用皆鹰腾，破敌过箭疾。
圣心颇虚伫，时议气欲夺。
伊洛指掌收，西京不足拔。
官军请深入，蓄锐可俱发。
此举开青徐，旋瞻略恒碣。

昊天积霜露，正气有肃杀。
祸转亡胡岁，势成擒胡月。
胡命其能久，皇纲未宜绝。
忆昨狼狈初，事与古先别。
奸臣竟菹醢，同恶随荡析。
不闻夏殷衰，中自诛褒妲。
周汉获再兴，宣光果明哲。
桓桓陈将军，仗钺奋忠烈。
微尔人尽非，于今国犹活。
凄凉大同殿，寂寞白兽闼。
都人望翠华，佳气向金阙。
园陵固有神，扫洒数不缺。
煌煌太宗业，树立甚宏达。

九日蓝田崔氏庄

老去悲秋强自宽，兴来今日尽君欢。
羞将短发还吹帽，笑倩旁人为正冠。
蓝水远从千涧落，玉山高并两峰寒。
明年此会知谁健？醉把茱萸仔细看。

赠卫八处士

人生不相见，动如参与商。
今夕复何夕，共此灯烛光。

少壮能几时，鬓发各已苍。
访旧半为鬼，惊呼热中肠。
焉知二十载，重上君子堂。
昔别君未婚，男女忽成行。
怡然敬父执，问我来何方？
问答未及已，驱儿罗酒浆。
夜雨剪春韭，新炊间黄粱。
主称会面难，一举累十觞。
十觞亦不醉，感子故意长。
明日隔山岳，世事两茫茫。

洗兵马

中兴诸将收山东，捷书夜报清昼同。
河广传闻一苇过，胡危命在破竹中。
祇残邺城不日得，独任朔方无限功。
京师皆骑汗血马，回纥喂肉蒲萄宫。
已喜皇威清海岱，常思仙仗过崆峒。
三年笛里关山月，万国兵前草木风。
成王功大心转小，郭相谋深古来少。
司徒清鉴悬明镜，尚书气与秋天杳。
二三豪俊为时出，整顿乾坤济时了。
东走无复忆鲈鱼，南飞觉有安巢鸟。
青春复随冠冕入，紫禁正耐烟花绕。

鹤驾通宵凤辇备，鸡鸣问寝龙楼晓。

攀龙附凤势莫当，天下尽化为侯王。

汝等岂知蒙帝力，时来不得夸身强。

关中既留萧丞相，幕下复用张子房。

张公一生江海客，身长九尺须眉苍。

征起适遇风云会，扶颠始知筹策良。

青袍白马更何有，后汉今周喜再昌。

寸地尺天皆入贡，奇祥异瑞争来送。

不知何国致白环，复道诸山得银瓮。

隐士休歌《紫芝》曲，词人解撰清河颂。

田家望望惜雨干，布谷处处催春种。

淇上健儿归莫懒，城南思妇愁多梦。

安得壮士挽天河，净洗甲兵长不用。

新安吏

客行新安道，喧呼闻点兵。

借问新安吏，县小更无丁。

府帖昨夜下，次选中男行。

中男绝短小，何以守王城。

肥男有母送，瘦男独伶俜。

白水暮东流，青山犹哭声。

莫自使眼枯，收汝泪纵横。

眼枯即见骨，天地终无情。

我军取相州，日夕望其平。
岂意贼难料，归军星散营。
就粮近故垒，练卒依旧京。
掘壕不到水，牧马役亦轻。
况乃王师顺，抚养甚分明。
送行勿泣血，仆射如父兄。

潼关吏

士卒何草草，筑城潼关道。
大城铁不如，小城万丈余。
借问潼关吏，修关还备胡。
要我下马行，为我指山隅。
连云列战格，飞鸟不能逾。
胡来但自守，岂复忧西都。
丈人视要处，窄狭容单车。
艰难奋长戟，万古用一夫。
哀哉桃林战，百万化为鱼。
请嘱防关将，慎勿学哥舒。

石壕吏

暮投石壕村，有吏夜捉人。
老翁逾墙走，老妇出看门。
吏呼一何怒，妇啼一何苦。

听妇前致词,三男邺城戍。
一男附书至,二男新战死。
存者且偷生,死者长已矣。
室中更无人,惟有乳下孙。
有孙母未去,出入无完裙。
老妪力虽衰,请从吏夜归。
急应河阳役,犹得备晨炊。
夜久语声绝,如闻泣幽咽。
天明登前途,独与老翁别。

新婚别

兔丝附蓬麻,引蔓故不长。
嫁女与征夫,不如弃路傍。
结发为妻子,席不暖君床。
暮婚晨告别,无乃太匆忙。
君行虽不远,守边赴河阳。
妾身未分明,何以拜姑嫜。
父母养我时,日夜令我藏。
生女有所归,鸡狗亦得将。
君今往死地,沉痛迫中肠。
誓欲随君去,形势反苍黄。
勿为新婚念,努力事戎行。
妇人在军中,兵气恐不扬。

自嗟贫家女，久致罗襦裳。
罗襦不复施，对君洗红妆。
仰视百鸟飞，大小必双翔。
人事多错迕，与君永相望。

垂老别

四郊未宁静，垂老不得安。
子孙阵亡尽，焉用身独完。
投杖出门去，同行为辛酸。
幸有牙齿存，所悲骨髓干。
男儿既介胄，长揖别上官。
老妻卧路啼，岁暮衣裳单。
孰知是死别，且复伤其寒。
此去必不归，还闻劝加餐。
土门壁甚坚，杏园度亦难。
势异邺城下，纵死时犹宽。
人生有离合，岂择衰老端。
忆昔少壮日，迟回竟长叹。
万国尽征戍，烽火被冈峦。
积尸草木腥，流血川原丹。
何乡为乐土，安敢尚盘桓？
弃绝蓬室居，塌然摧肺肝。

无家别

寂寞天宝后，园庐但蒿藜。
我里百余家，世乱各东西。
存者无消息，死者为尘泥。
贱子因阵败，归来寻旧蹊。
久行见空巷，日瘦气惨凄。
但对狐与狸，竖毛怒我啼。
四邻何所有？一二老寡妻。
宿鸟恋本枝，安辞且穷栖。
方春独荷锄，日暮还灌畦。
县吏知我至，召令习鼓鞞。
虽从本州役，内顾无所携。
近行止一身，远去终转迷。
家乡既荡尽，远近理亦齐。
永痛长病母，五年委沟溪。
生我不得力，终身两酸嘶。
人生无家别，何以为蒸黎。

佳人

绝代有佳人，幽居在空谷。
自云良家子，零落依草木。
关中昔丧乱，兄弟遭杀戮。

官高何足论,不得收骨肉。
世情恶衰歇,万事随转烛。
夫婿轻薄儿,新人美如玉。
合昏尚知时,鸳鸯不独宿。
但见新人笑,那闻旧人哭。
在山泉水清,出山泉水浊。
侍婢卖珠回,牵萝补茅屋。
摘花不插发,采柏动盈掬。
天寒翠袖薄,日暮倚修竹。

梦李白二首

其一

死别已吞声,生别常恻恻。
江南瘴疠地,逐客无消息。
故人入我梦,明我长相忆。
恐非平生魂,路远不可测。
魂来枫林青,魂返关塞黑。
君今在罗网,何以有羽翼。
落月满屋梁,犹疑照颜色。
水深波浪阔,无使蛟龙得。

其二

浮云终日行,游子久不至。

三夜频梦君,情亲见君意。
告归常局促,苦道来不易。
江湖多风波,舟楫恐失坠。
出门搔白首,若负平生志。
冠盖满京华,斯人独憔悴。
孰云网恢恢,将老身反累。
千秋万岁名,寂寞身后事。

月夜忆舍弟

戍鼓断人行,边秋一雁声。
露从今夜白,月是故乡明。
有弟皆分散,无家问死生。
寄书长不达,况乃未休兵。

天末怀李白

凉风起天末,君子意如何。
鸿雁几时到,江湖秋水多。
文章憎命达,魑魅喜人过。
应共冤魂语,投诗赠汨罗。

寄李十二白二十韵

昔年有狂客,号尔谪仙人。
笔落惊风雨,诗成泣鬼神。

声名从此大，汩没一朝伸。
文彩承殊渥，流传必绝伦。
龙舟移棹晚，兽锦夺袍新。
白日来深殿，青云满后尘。
乞归优诏许，遇我宿心亲。
未负幽栖志，兼全宠辱身。
剧谈怜野逸，嗜酒见天真。
醉舞梁园夜，行歌泗水春。
才高心不展，道屈善无邻。
处士祢衡俊，诸生原宪贫。
稻粱求未足，薏苡谤何频。
五岭炎蒸地，三危放逐臣。
几年遭鵩鸟，独泣向麒麟。
苏武先还汉，黄公岂事秦。
楚筵辞醴日，梁狱上书辰。
已用当时法，谁将此议陈？
老吟秋月下，病起暮江滨。
莫怪恩波隔，乘槎与问津。

乾元中寓居同谷县作歌七首

其一

有客有客字子美，白头乱发垂过耳。

岁拾橡栗随狙公,天寒日暮山谷里。

中原无书归不得,手脚冻皴皮肉死。

呜呼一歌兮歌已哀,悲风为我从天来。

其二

长镵长镵白木柄,我生托子以为命。

黄独无苗山雪盛,短衣数挽不掩胫。

此时与子空归来,男呻女吟四壁静。

呜呼二歌兮歌始放,闾里为我色惆怅。

其三

有弟有弟在远方,三人各瘦何人强?

生别展转不相见,胡尘暗天道路长。

东飞鸳鹅后鹙鸧,安得送我置汝旁。

呜呼三歌兮歌三发,汝归何处收兄骨。

其四

有妹有妹在钟离,良人早殁诸孤痴。

长淮浪高蛟龙怒,十年不见来何时。

扁舟欲往箭满眼,杳杳南国多旌旗。

呜呼四歌兮歌四奏,林猿为我啼清昼。

其五

四山多风溪水急,寒雨飒飒枯树湿。

黄蒿古城云不开,白狐跳梁黄狐立。

我生何为在穷谷，中夜起坐万感集。
呜呼五歌兮歌正长，魂招不来归故乡。

其六

南有龙兮在山湫，古木巃嵷枝相樛。
木叶黄落龙正蛰，蝮蛇东来水上游。
我行怪此安敢出，拔剑欲斩且复休。
呜呼六歌兮歌思迟，溪壑为我回春姿。

其七

男儿生不成名身已老，三年饥走荒山道。
长安卿相多少年，富贵应须致身早。
山中儒生旧相识，但话宿昔伤怀抱。
呜呼七歌兮悄终曲，仰视皇天白日速。

发同谷县

贤有不黔突，圣有不暖席。
况我饥愚人，焉能尚安宅？
始来兹山中，休驾喜地僻。
奈何迫物累，一岁四行役。
忡忡去绝境，杳杳更远适。
停骖龙潭云，回首虎崖石。
临岐别数子，握手泪再滴。
交情无旧深，穷老多惨戚。

平生懒拙意，偶值栖遁迹。
去住与愿违，仰惭林间翮。

水会渡

山行有常程，中夜尚未安。
微月没已久，崖倾路何难。
大江动我前，汹若溟渤宽。
篙师暗理楫，歌笑轻波澜。
霜浓木石滑，风急手足寒。
入舟已千忧，陟巘仍万盘。
回眺积水外，始知众星干。
远游令人瘦，衰疾惭加餐。

剑门

惟天有设险，剑门天下壮。
连山抱西南，石角皆北向。
两崖崇墉倚，刻画城郭状。
一夫怒临关，百万未可傍。
珠玉走中原，岷峨气凄怆。
三皇五帝前，鸡犬各相放。
后王尚柔远，职贡道已丧。
至今英雄人，高视见霸王。
并吞与割据，极力不相让。

吾将罪真宰，意欲铲叠嶂。

恐此复偶然，临风默惆怅。

成都府

翳翳桑榆日，照我征衣裳。

我行山川异，忽在天一方。

但逢新人民，未卜见故乡。

大江东流去，游子日月长。

曾城填华屋，季冬树木苍。

喧然名都会，吹箫间笙簧。

信美无与适，侧身望川梁。

鸟雀夜各归，中原杳茫茫。

初月出不高，众星尚争光。

自古有羁旅，我何苦哀伤。

卜居

浣花溪水水西头，主人为卜林塘幽。

已知出郭少尘事，更有澄江销客愁。

无数蜻蜓齐上下，一双鸂鶒对沉浮。

东行万里堪乘兴，须向山阴入小舟。

蜀相

丞相祠堂何处寻？锦官城外柏森森。

映阶碧草自春色,隔叶黄鹂空好音。
三顾频繁天下计,两朝开济老臣心。
出师未捷身先死,长使英雄泪满襟。

狂夫

万里桥西一草堂,百花潭水即沧浪。
风含翠筱娟娟净,雨裛红蕖冉冉香。
厚禄故人书断绝,恒饥稚子色凄凉。
欲填沟壑惟疏放,自笑狂夫老更狂。

江村

清江一曲抱村流,长夏江村事事幽。
自去自来堂上燕,相亲相近水中鸥。
老妻画纸为棋局,稚子敲针作钓钩。
但有故人供禄米,微躯此外更何求?

野老

野老篱边江岸回,柴门不正逐江开。
渔人网集澄潭下,估客船随返照来。
长路关心悲剑阁,片云何事傍琴台。
王师未报收东郡,城阙秋生画角哀。

客至

舍南舍北皆春水,但见群鸥日日来。
花径不曾缘客扫,蓬门今始为君开。
盘飧市远无兼味,樽酒家贫只旧醅。
肯与邻翁相对饮,隔篱呼取尽余杯。

春夜喜雨

好雨知时节,当春乃发生。
随风潜入夜,润物细无声。
野径云俱黑,江船火独明。
晓看红湿处,花重锦官城。

江亭

坦腹江亭暖,长吟《野望》时。
水流心不竞,云在意俱迟。
寂寂春将晚,欣欣物自私。
故林归未得,排闷强裁诗。

江上值水如海势聊短述

为人性僻耽佳句,语不惊人死不休。
老去诗篇浑漫与,春来花鸟莫深愁。
新添水槛供垂钓,故着浮槎替入舟。

焉得思如陶谢手，令渠述作与同游。

茅屋为秋风所破歌

八月秋高风怒号，卷我屋上三重茅。

茅飞渡江洒江郊，高者挂罥长林梢。下者飘转沉塘坳。

南村群童欺我老无力，忍能对面为盗贼。

公然抱茅入竹去，唇焦口燥呼不得。归来倚杖自叹息。

俄顷风定云墨色，秋天漠漠向昏黑。

布衾多年冷似铁，娇儿恶卧踏里裂。

床头屋漏无干处，雨脚如麻未断绝。

自经丧乱少睡眠，长夜沾湿何由彻。

安得广厦千万间，大庇天下寒士俱欢颜，风雨不动安如山。

呜呼！何时眼前突兀见此屋，吾庐独破受冻死亦足。

百忧集行

忆年十五心尚孩，健如黄犊走复来。

庭前八月梨枣熟，一日上树能千回。

即今倏忽已五十，坐卧只多少行立。

强将笑语供主人，悲见生涯百忧集。

入门依旧四壁空，老妻睹我颜色同。

痴儿不知父子礼，叫怒索饭啼门东。

遭田父泥饮美严中丞

步屧随春风，村村自花柳。
田翁逼社日，邀我尝春酒。
酒酣夸新尹，畜眼未见有。
回头指大男，渠是弓弩手。
名在飞骑籍，长番岁时久。
前日放营农，辛苦救衰朽。
差科死则已，誓不举家走。
今年大作社，拾遗能住否？
叫妇开大瓶，盆中为吾取。
感此气扬扬，须知风化首。
语多虽杂乱，说尹终在口。
朝来偶然出，自卯将及酉。
久客惜人情，如何拒邻叟。
高声索果栗，欲起时被肘。
指挥过无礼，未觉村野丑。
月出遮我留，仍嗔问升斗。

戏为六绝句

其一

庾信文章老更成，凌云健笔意纵横。

今人嗤点流传赋，不觉前贤畏后生。

其二

王杨卢骆当时体，轻薄为文哂未休。
尔曹身与名俱灭，不废江河万古流。

其三

纵使卢王操翰墨，劣于汉魏近风骚。
龙文虎脊皆君驭，历块过都见尔曹。

其四

才力应难跨数公，凡今谁是出群雄。
或看翡翠兰苕上，未掣鲸鱼碧海中。

其五

不薄今人爱古人，清词丽句必为邻。
窃攀屈宋宜方驾，恐与齐梁作后尘。

其六

未及前贤更勿疑，递相祖述复先谁。
别裁伪体亲风雅，转益多师是汝师。

涪江泛舟送韦班归京

追饯同舟日，伤春一水间。
飘零为客久，衰老羡君还。

花杂重重树，云轻处处山。

天涯故人少，更益鬓毛斑。

发阆中

前有毒蛇后猛虎，溪行尽日无村坞。

江风萧萧云拂地，山木惨惨天欲雨。

女病妻忧归意速，秋花锦石谁能数。

别家三月一得书，避地何时免愁苦。

草堂

昔我去草堂，蛮夷塞成都。

今我归草堂，成都适无虞。

请陈初乱时，反复乃须臾。

大将赴朝廷，群小起异图。

中宵斩白马，盟歃气已粗。

西取邛南兵，北断剑阁隅。

布衣数十人，亦拥专城居。

其势不两大，始闻蕃汉殊。

西卒却倒戈，贼臣互相诛。

焉知肘腋祸，自及枭獍徒。

义士皆痛愤，纪纲乱相逾。

一国实三公，万人欲为鱼。

唱和作威福，孰肯辨无辜。

眼前列杻械，背后吹笙竽。
谈笑行杀戮，溅血满长衢。
到今用钺地，风雨闻号呼。
鬼妾与鬼马，色悲充尔娱。
国家法令在，此又足惊吁。
贱子且奔走，三年望东吴。
弧矢暗江海，难为游五湖。
不忍竟舍此，复来薙榛芜。
入门四松在，步屧万竹疏。
旧犬喜我归，低徊入衣裾。
邻里喜我归，沽酒携胡芦。
大官喜我来，遣骑问所须。
城郭喜我来，宾客隘村墟。
天下尚未宁，健儿胜腐儒。
飘飘风尘际，何地置老夫？
于时见疣赘，骨髓幸未枯。
饮啄愧残生，食薇不敢余。

登楼

花近高楼伤客心，万方多难此登临。
锦江春色来天地，玉垒浮云变古今。
北极朝廷终不改，西山寇盗莫相侵。
可怜后主还祠庙，日暮聊为《梁甫吟》。

绝句二首

其一

迟日江山丽,春风花草香。

泥融飞燕子,沙暖睡鸳鸯。

其二

江碧鸟逾白,山青花欲燃。

今春看又过,何日是归年。

宿府

清秋幕府井梧寒,独宿江城蜡炬残。

永夜角声悲自语,中天月色好谁看?

风尘荏苒音书绝,关塞萧条行路难。

已忍伶俜十年事,强移栖息一枝安。

莫相疑行

男儿生无所成头皓白,牙齿欲落真可惜。

忆献三赋蓬莱宫,自怪一日声烜赫。

集贤学士如堵墙,观我落笔中书堂。

往时文采动人主,此日饥寒趋路旁。

晚将末契托年少,当面输心背面笑。

寄谢悠悠世上儿,不争好恶莫相疑。

赤霄行

孔雀未知牛有角，渴饮寒泉逢抵触。

赤霄玄圃须往来，翠尾金花不辞辱。

江中淘河吓飞燕，衔泥却落羞华屋。

皇孙犹曾莲勺困，卫庄见贬伤其足。

老翁慎莫怪少年，葛亮《贵和》书有篇。

丈夫垂名动万年，记忆细故非高贤。

去蜀

五载客蜀郡，一年居梓州。

如何关塞阻，转作潇湘游。

世事已黄发，残生随白鸥。

安危大臣在，不必泪长流。

旅夜书怀

细草微风岸，危樯独夜舟。

星垂平野阔，月涌大江流。

名岂文章著，官应老病休。

飘飘何所似，天地一沙鸥。

武侯庙

遗庙丹青落，空山草木长。

犹闻辞后主,不复卧南阳。

八阵图

功盖三分国,名成八阵图。
江流石不转,遗恨失吞吴。

壮游

往者十四五,出游翰墨场。
斯文崔魏徒,以我似班扬。
七龄思即壮,开口咏凤皇。
九龄书大字,有作成一囊。
性豪业嗜酒,嫉恶怀刚肠。
脱落小时辈,结交皆老苍。
饮酣视八极,俗物多茫茫。
东下姑苏台,已具浮海航。
到今有遗恨,不得穷扶桑。
王谢风流远,阖闾丘墓荒。
剑池石壁仄,长洲芰荷香。
嵯峨阊门北,清庙映回塘。
每趋吴太伯,抚事泪浪浪。
蒸鱼闻匕首,除道哂要章。
枕戈忆勾践,渡浙想秦皇。
越女天下白,鉴湖五月凉。

剡溪蕴秀异，欲罢不能忘。

归帆拂天姥，中岁贡旧乡。

气劘屈贾垒，目短曹刘墙。

忤下考功第，独辞京尹堂。

放荡齐赵间，裘马颇清狂。

春歌丛台上，冬猎青丘旁。

呼鹰皂枥林，逐兽云雪冈。

射飞曾纵鞚，引臂落鹙鸧。

苏侯据鞍喜，忽如携葛强。

快意八九年，西归到咸阳。

许与必词伯，赏游实贤王。

曳裾置醴地，奏赋入明光。

天子废食召，群公会轩裳。

脱身无所受，痛饮信行藏。

黑貂宁免敝，斑鬓兀称觞。

杜曲换耆旧，四郊多白杨。

坐深乡党敬，日觉死生忙。

朱门任倾夺，赤族迭罹殃。

国马竭粟豆，官鸡输稻粱。

举隅见烦费，引古惜兴亡。

河朔风尘起，岷山行幸长。

两宫各警跸，万里遥相望。

崆峒杀气黑，少海旌旗黄。

禹功亦命子，涿鹿亲戎行。

翠华拥吴岳，貔虎噉豺狼。

爪牙一不中，胡兵更陆梁。

大军载草草，凋瘵满膏肓。

备员窃补衮，忧愤心飞扬。

上感九庙焚，下悯万民疮。

斯时伏青蒲，廷诤守御床。

君辱敢爱死，赫怒幸无伤。

圣哲体仁恕，宇县复小康。

哭庙灰烬中，鼻酸朝未央。

小臣议论绝，老病客殊方。

郁郁苦不展，羽翮困低昂。

秋风动哀壑，碧蕙捐微芳。

之推避赏从，渔父濯沧浪。

荣华敌勋业，岁暮有严霜。

吾观鸱夷子，才格出寻常。

群凶逆未定，侧伫英俊翔。

秋兴八首

其一

玉露凋伤枫树林，巫山巫峡气萧森。

江间波浪兼天涌，塞上风云接地阴。

丛菊两开他日泪,孤舟一系故园心。
寒衣处处催刀尺,白帝城高急暮砧。

其二

夔府孤城落日斜,每依北斗望京华。
听猿实下三声泪,奉使虚随八月槎。
画省香炉违伏枕,山楼粉堞隐悲笳。
请看石上藤萝月,已映洲前芦荻花。

其三

千家山郭静朝晖,日日江楼坐翠微。
信宿渔人还汎汎,清秋燕子故飞飞。
匡衡抗疏功名薄,刘向传经心事违。
同学少年多不贱,五陵衣马自轻肥。

其四

闻道长安似弈棋,百年世事不胜悲。
王侯第宅皆新主,文武衣冠异昔时。
直北关山金鼓震,征西车马羽书驰。
鱼龙寂寞秋江冷,故国平居有所思。

其五

蓬莱高阙对南山,承露金茎霄汉间。
西望瑶池降王母,东来紫气满函关。
云移雉尾开宫扇,日绕龙鳞识圣颜。

一卧沧江惊岁晚，几回青琐点朝班。

其六

瞿唐峡口曲江头，万里风烟接素秋。
花萼夹城通御气，芙蓉小苑入边愁。
珠帘绣柱围黄鹄，锦缆牙樯起白鸥。
回首可怜歌舞地，秦中自古帝王州。

其七

昆明池水汉时功，武帝旌旗在眼中。
织女机丝虚夜月，石鲸鳞甲动秋风。
波漂菰米沉云黑，露冷莲房坠粉红。
关塞极天唯鸟道，江湖满地一渔翁。

其八

昆吾御宿自逶迤，紫阁峰阴入渼陂。
香稻啄残鹦鹉粒，碧梧栖老凤凰枝。
佳人拾翠春相问，仙侣同舟晚更移。
彩笔昔曾干气象，白头今望苦低垂。

偶题

文章千古事，得失寸心知。
作者皆殊列，名声岂浪垂。
骚人嗟不见，汉道盛于斯。

前辈飞腾入，余波绮丽为。

后贤兼旧制，历代各清规。

法自儒家有，心从弱岁疲。

永怀江左逸，多病邺中奇。

骡骥皆良马，骐骥带好儿。

车轮徒已斫，堂构惜仍亏。

漫作《潜夫论》，虚传幼妇碑。

缘情慰漂荡，抱疾屡迁移。

经济惭长策，飞栖假一枝。

尘沙傍蜂虿，江峡绕蛟螭。

萧瑟唐虞远，联翩楚汉危。

圣朝兼盗贼，异俗更喧卑。

郁郁星辰剑，苍苍云雨池。

两都开幕府，万宇插军麾。

南海残铜柱，东风避月支。

音书恨乌鹊，号怒怪熊罴。

稼穑分诗兴，柴荆学土宜。

故山迷白阁，秋水忆黄陂。

不敢要佳句，愁来赋别离。

阁夜

岁暮阴阳催短景，天涯霜雪霁寒宵。
五更鼓角声悲壮，三峡星河影动摇。

野哭千家闻战伐，夷歌几处起渔樵。
卧龙跃马终黄土，人事音书漫寂寥。

登高

风急天高猿啸哀，渚清沙白鸟飞回。
无边落木萧萧下，不尽长江滚滚来。
万里悲秋常作客，百年多病独登台。
艰难苦恨繁霜鬓，潦倒新停浊酒杯。

观公孙大娘弟子舞剑器并序

大历二年十月十九日，夔府别驾元持宅，见临颍李十二娘舞剑器，壮其蔚跂。问其所师，曰："余公孙大娘弟子也。"开元三载，余尚童稚，记于郾城，观公孙氏舞剑器浑脱，浏漓顿挫，独出冠时。自高头宜春、梨园二伎坊内人，洎外供奉舞女，晓是舞者，圣文神武皇帝初，公孙一人而已。玉貌锦衣，况余白首，今兹弟子，亦匪盛颜。既辨其由来，知波澜莫二。抚事慷慨，聊为《剑器行》。昔者吴人张旭，善草书书帖，数尝于邺县见公孙大娘舞西河剑器，自此草书长进。豪荡感激，即公孙可知矣。

昔有佳人公孙氏，一舞剑器动四方。
观者如山色沮丧，天地为之久低昂。
㸌如羿射九日落，矫如群帝骖龙翔。
来如雷霆收震怒，罢如江海凝清光。

绛唇珠袖两寂寞,晚有弟子传芬芳。
临颍美人在白帝,妙舞此曲神扬扬。
与余问答既有以,感时抚事增惋伤。
先帝侍女八千人,公孙剑器初第一。
五十年间似反掌,风尘澒洞昏王室。
梨园弟子散如烟,女乐余姿映寒日。
金粟堆南木已拱,瞿唐石城草萧瑟。
玳筵急管曲复终,乐极哀来月东出。
老夫不知其所往,足茧荒山转愁疾。

岁晏行

岁云暮矣多北风,潇湘洞庭白雪中。
渔父天寒网罟冻,莫徭射雁鸣桑弓。
去年米贵阙军食,今年米贱大伤农。
高马达官厌酒肉,此辈杼柚茅茨空。
楚人重鱼不重鸟,汝休枉杀南飞鸿。
况闻处处鬻男女,割慈忍爱还租庸。
往日用钱捉私铸,今许铅铁和青铜。
刻泥为之最易得,好恶不合长相蒙。
万国城头吹画角,此曲哀怨何时终。

登岳阳楼

昔闻洞庭水,今上岳阳楼。

吴楚东南坼，乾坤日夜浮。

亲朋无一字，老病有孤舟。

戎马关山北，凭轩涕泗流。

江汉

江汉思归客，乾坤一腐儒。

片云天共远，永夜月同孤。

落日心犹壮，秋风病欲苏。

古来存老马，不必取长途。

江南逢李龟年

岐王宅里寻常见，崔九堂前几度闻。

正是江南好风景，落花时节又逢君。

小寒食舟中作

佳辰强饮食犹寒，隐几萧条戴鹖冠。

春水船如天上坐，老年花似雾中看。

娟娟戏蝶过闲幔，片片轻鸥下急湍。

云白山青万余里，愁看直北是长安。

燕子来舟中作

湖南为客动经春，燕子衔泥两度新。

旧入故园尝识主，如今社日远看人。

可怜处处巢居室,何异飘飘托此身。
暂语船樯还起去,穿花贴水益沾巾。

暮秋将归秦留别湖南幕府亲友

水阔苍梧野,天高白帝秋。
途穷那免哭,身老不禁愁。
大府才能会,诸公德业优。
北归冲雨雪,谁悯敝貂裘。

风疾舟中伏枕书怀三十六韵奉呈湖南亲友

轩辕休制律,虞舜罢弹琴。
尚错雄鸣管,犹伤半死心。
圣贤名古邈,羁旅病年侵。
舟泊常依震,湖平早见参。
如闻马融笛,若倚仲宣襟。
故国悲寒望,群云惨岁阴。
水乡霾白屋,枫岸叠青岑。
郁郁冬炎瘴,蒙蒙雨滞淫。
鼓迎非祭鬼,弹落似鸮禽。
兴尽才无闷,愁来遽不禁。
生涯相汨没,时物自萧森。
疑惑樽中弩,淹留冠上簪。
牵裾惊魏帝,投阁为刘歆。

狂走终奚适，微才谢所钦。
吾安藜不糁，汝贵玉为琛。
乌几重重缚，鹑衣寸寸针。
哀伤同庾信，述作异陈琳。
十暑岷山葛，三霜楚户砧。
叨陪锦帐坐，久放白头吟。
反朴时难遇，忘机陆易沈。
应过数粒食，得近四知金。
春草封归恨，源花费独寻。
转蓬忧悄悄，行药病涔涔。
瘗天追潘岳，持危觅邓林。
蹉跎翻学步，感激在知音。
却假苏张舌，高夸周宋镡。
纳流迷浩汗，峻趾得嶔崟。
城府开清旭，松筠起碧浔。
披颜争倩倩，逸足竞駸駸。
朗鉴存愚直，皇天实照临。
公孙仍恃险，侯景未生擒。
书信中原阔，干戈北斗深。
畏人千里井，问俗九州箴。
战血流依旧，军声动至今。
葛洪尸定解，许靖力难任。
家事丹砂诀，无成涕作霖。